대립과
　　모순을 통해
　세상을 배워요

대립과 모순을 통해 세상을 배워요

박해용 지음

㈜자음과모음

추천의 글

인간과 세상에 대한 깨달음을 주는 책

―문성훈(철학 박사)

그동안 대중들에게 어려운 철학을 쉽고 재미있게 이야기해 주셨던 박해용 선생님이 이제 어린이 여러분을 위해 또 재미있는 이야기를 들려주십니다.

철학이 뭐냐고요? 철학은 자주 쓰는 용어는 아니죠. 어떤 일에 대해 깊고 넓게 그리고 끈질기게 생각하면서 깨달음을 얻는 것이 철학이라면 여러분에게도 철학은 이미 남의 일이 아닙니다.

깊고 넓게 그리고 끈질기게 생각의 지평을 넓혀 세상에 대해 많은 깨달음을 얻은 사람이 있습니다. 이 책에서 소개하는 헤겔이라는 철학자가 바로 그 사람입니다. 무엇에 대해 그런 깨달음을 얻었냐고요? 그건 '정신'에 대한 것이에요. 정신이라고요? 이 무슨 해괴한 소리? 아닙니다.

여러분은 흔히 "정신 차려라.", "정신없네!", "정신이 똑바로 박혀야 한다!", "정신이 이상해." 등 정신과 관련된 말을 많이 들었을 것입니다. 그리고 다른 사람들에게 이런 말을 하기도 하죠. 우리들은 이 말의 뜻을 정말 알고 사용하는 것일까요?

헤겔은 '정신'에 대해 끊임없이 탐구했어요. 그리고 많은 깨달음을 얻었답니다. 그러나 단지 정신이 무엇을 말하는가에 대한 깨달음만은 아닙니다. 정신은 우리들의 삶과 어떤 관계에 있을까? 정신은 이 세계와 어떤 관계가 있을까? 그리고 정신은 인간의 역사와 어떤 관계가 있을까? 헤겔은 정신을 중심으로 한 많은 문제들을 생각하면서 많은 깨달음을 얻었습니다.

박해용 선생님은 헤겔의 깨달음을 여러분에게 들려줍니다. 여러분이 앞으로 들을 이야기는 엄마 없이 사는 정신이 그리고 '착한 아이 공부방'에 계신 해결 선생님과 똑순이 진주, 까불이 준희, 막내 민태의 이야기이며, 빡빡 머리 아저씨의 이야기입니다. 이 이야기를 들으면 여러분은 '아, 정신이란 이런 거구나.' 하는 깨달음을 얻게 될 것입니다. 그리고 이 깨달음은 여러분이 겪게 되는 많은 일들을 제대로 볼 수 있도록 '눈'을 뜨게 해 줄 것입니다.

　어린이 여러분, 편하게 이 책을 읽어 보세요. 그리고 재미있고 유익했다면 여러분 친구들에게도 그리고 엄마, 아빠에게도 한번 권해 보세요.

추천의 글

난해한 헤겔 철학을 쉽고 재미있게 배울 수 있는 기회

—나종석(연세대학교 교수)

　서양 철학에서 가장 유명한 철학자 네 명만 꼽으라면 항상 헤겔이 포함됩니다. 그 정도로 헤겔은 서양 철학사를 대표하는 철학자입니다. 그의 철학은 어렵기로도 유명하지요. 그런데 박해용 선생님의 책 『헤겔이 들려주는 정신 이야기』를 읽으면서 여러 가지로 깊은 감명을 받았습니다.

　이미 『청소년을 위한 서양 철학사』를 저술하여 어렵게만 느껴지는 철학을 청소년 눈높이에 맞춰 쉽고 충실하게 설명할 수 있는 능력을 갖춘 분이라는 것을 잘 알고 있었습니다. 더구나 이 책은 초등학교 학생들도 어렵지 않게 읽고 이해할 수 있도록 서술되어 있어서 새삼 놀라움을 금치 못했습니다.

이 책은 단지 헤겔 철학을 쉽게 전달하는 데 그치지 않습니다. 헤겔 철학의 핵심 내용들을 다양한 이야기를 통해 전달하면서 그 내용의 깊이를 손상시키지 않고 있습니다.

선생님은 헤겔 철학의 핵심적인 용어들인 정신, 절대정신, 정신의 본질로서의 자유, 변증법, 모순 그리고 역사에서의 목적 등과 연관된 사항들을 아주 정확하게 전달하고 있습니다. 추상적인 용어에만 익숙한 전공자가 읽어도 도움이 될 만한 책이지요. 추천서를 쓰는 나 역시 이 책을 읽으면서 재미만을 느낀 것이 아니라 헤겔 철학을 다시금 정리하고 보다 분명한 상을 정리하는 계기가 되었습니다. 그래서 대학 강의에서도 충분히 응용할 수 있겠다는 생각을 해 보았습니다.

사람은 어릴 적부터 타인과 합리적으로 소통하는 개방적 자세를 갖추기 위해 노력해야 합니다. 그것은 위대한 지성들의 통찰을 자신의 것으로 만드는, 즉 위대한 지성들과의 지적·도덕적 대화를 통해 이룰 수 있습니다. 이것이 곧 철학 교육이지요. 그러므로 어린이들을 철학적으로 교육할 수 있는 좋은 책들이 나와야 한다는 것은 시대적 요구입니다. 선생님은 이런 요구에 그 누구보다도 앞서 응해 왔습니다. 이 책은 매우 빼어난 철학서라고 생각됩니다.

책머리에

헤겔에게
인간 정신의 힘을 배우다

평소에 어린이들에게 철학을 이야기로 읽을 수 있게 하고 싶었는데, 이번에 좋은 기회를 갖게 되었습니다. 철학 속에 숨겨진 많은 '생각의 보물'을 알맞게, 그것도 알맞은 방법으로 전달하는 일은 어린이들의 생각의 발전을 위해서 꼭 필요한 일입니다. 이 책은 헤겔 철학에 대한 이야기로 그 핵심 주제는 '정신'입니다.

헤겔은 많은 철학자 가운데서도 가장 중요한 사람에 속합니다. 헤겔의 철학은 매우 어려운 철학이라고 소문이 나 있지요. 특히 헤겔이 사용한 전문 용어와 그 내용을 어린이들이 알기 쉽게 이해하도록 쓰는 일은 쉽지 않았습니다. 고민 끝에 그 해법을 이야기 형식에서 찾았습니다. 이야기의 전체 구성은 '착한 아이 공부방'을 중심으로 아이들의 성장 과정에서 나타나는 문제들을 다루면서 헤겔의 중요한 사상들을 서로 연결시켜 풀어 보았습니다. 이 철학 이야기를 통해 헤겔의 어려운 개념과 사상들이 가랑비에 옷이 젖듯 자연스럽게 여러분의 머릿속에 스며들어 생각을 키우는 데 보탬이 되기를 바랍니다.

헤겔 하면 무엇보다도 '정신'이 떠오릅니다. 그래서 이 책은 정신과 절대정신을 중심으로 자유, 모순, 부정, 변증법, 인정 투쟁, 역사 등 헤겔의 중요한 표현을 다루고 있습니다.

우선 정신에 관해서 헤겔의 방식으로 탐구해 보려고 했습니다. 갇혀 있는 정신은 자신에 대해 확실한 생각을 가질 수 없습니다. 정신은 다른 의식과의 관계를 통해서만 자신의 원래 모습을 찾아갈 수 있다는 것이 아주 중요합니다. 그러고 나면 정신이 발전하여 모든 것을 계획하고 또 그것을 실현할 수 있는 최고의 힘으로서의 '절대정신'을 이루게 되는데, 이러한 과정을 알고 나면 그 다음은 많이 쉬워집니다. 나머지 것들은 정신의 발전을 위해서 필요한 것이니까요.

예를 들면 부정, 모순 그리고 변증법 개념인데, 이들은 서로 떨어질 수 없는 관계에 놓여 있습니다. 모든 창을 막아 낼 수 있는 방패와 모든 방패를 찌를 수 있는 창의 관계처럼 모순의 관계 속에 있는 두 사물이 서로를 부정하고 이겨 내려는 힘을 통해서 한 단계 높아지는 것처럼 말입니다. 지금은 비록 초라하지만 자신의 노력에 따라 언제든지 변화할 수 있는 무한한 힘이 정신 안에 있다는 것을 변증법 이야기를 통해 알게 될 것입니다.

또한 요즈음 새롭게 이해되고 있는 헤겔의 '인정 투쟁' 개념을 들려주려고 합니다. 인정 투쟁이란, 서로 다른 사람에게 인정받기 위한 사람들 사이의 투쟁을 통해 좀 더 수준 높은 정신의 단계에 이를 수 있다는 내용입니다. 이것을 우리의 실제 생활과 연결시켜 보면 누구나 쉽게 이해할 수 있을 것입니다.

마지막으로 헤겔 철학의 근본을 이루고 있는 생각, 세계의 역사는 자유에 대한 생각을 점점 발전시켜 가는 것이라는 생각을 통해서 역사와 자유의 관계를 자연스럽게 알 수 있도록 했습니다.

이 글을 쓰는 내내 염두에 두었던 것이 있습니다. 읽는 사람이 헤겔의 기본 생각을 되도록 쉽게 이해하여 그 내용을 자신의 생각 속에서 응용할 수 있도록 하자는 것이었습니다. 이렇게 하기 위해서 여러 가지 내용들을 서로 연관시켜 풀어 나가면서 읽는 사람의 눈으로 보려고 노력했습니다.

그리고 무엇보다도 어린이들이 자율적인 정신을 가진 사람으로 성장하는 데 조그마한 도움을 줄 수 있었으면 합니다.

이 책이 세상에 나올 수 있도록 수고해 주신 자음과모음 관계자 여러분들께 진심으로 감사드립니다.

박해용

차례

추천의 글 문성훈(철학 박사)
　　　인간과 세상에 대한 깨달음을 주는 책 **5**

추천의 글 나종석(연세대학교 교수)
　　　난해한 헤겔 철학을 쉽고 재미있게 배울 수 있는 기회 **8**

책머리에 헤겔에게 인간 정신의 힘을 배우다 **10**

1 해결 선생님과 착한 아이 공부방

엄마, 내 이름이 왜 정신이야? **25**
착한 아이 공부방 **33**
해결 선생님 **36**
자유로운 정신 **44**
철학자의 생각 **50**
즐거운 독서 퀴즈 **54**

2 내일은 해가 뜬다

고인 물은 썩는다 59
절대정신 66
역사는 앞으로 나아간다 72
철학자의 생각 80
즐거운 독서 퀴즈 82

3 모순을 넘어서

놀이 천재들과 머리 빡빡 아저씨 87
어떤 모습이 진짜예요? 99
모순 덩어리 106
철학자의 생각 117
즐거운 독서 퀴즈 120

4 정신이의 변증법

빼빼 마른 멸치볶음 125
마음을 치료하는 선생님 129
살을 좀 빼면 137
변증법 운동 작전 143
정반합 150
철학자의 생각 159
즐거운 독서 퀴즈 162

5 진정한 자유

아주 특별한 시골 여행 167
인정받으려면 일을 해야 한대요 174
도영이의 눈물 181
하고 싶은 대로 하는 건 진정한 자유가 아니야 187
꼭 다시 만나! 194
철학자의 생각 200
즐거운 독서 퀴즈 206

네 생각은 어때? 문제 풀이 208

등장인물

정신

엄마를 일찍 여읜 탓에 외로움을 일찍 알게 된 소녀. 헤겔 철학을 금세 이해할 정도로 똑똑하고 생각이 깊다. 친구들이 "정신 나갔어", "정신없다"라며 놀리는 통에 늘 풀이 죽어 있었는데, 해결 선생님을 만나 용기를 얻는다. '정신'이라는 단어가 철학자 헤겔의 사상적 뿌리이자 인류 역사 발전을 만든 중요한 개념이라는 말을 듣고 정신이라는 이름에 자부심을 느낀다. 방과 후에 착한 아이 공부방에서 해결 선생님, 친구들과 함께 많은 추억을 쌓아 나가는데, 특히 시골에서 도영이를 만나 헤겔 이야기를 나누면서 더 성숙해진다. 도영이와 정신이가 나눈 헤겔 이야기는 과연 무얼까?

해결 선생님

엄마를 잃고 꿈과 용기를 잃은 정신이를 헤겔 철학의 세계로 이끌어 준 만능 해결 선생님. 방과 후에 갈 곳 없는 아이들을 모아 착한 아이 공부방을 열고 헤겔 철학과 함께 세계의 진리를 가르친다. 짓궂은 구석이 있는 해결 선생님은 농번기 시골로 아이들을 데리고 가서 일손 돕기에 참여시킨다. 아이들은 힘든 노동을 하면서 짜증과 원망의 목소리를 내지만, 헤겔이 말한 '노동'을 제대로 체험하고는 결국 해결 선생님을 이해하게 된다. 헤겔과 농촌 체험이 과연 무슨 상관이람?

도영

정신이와 진주, 민태가 농촌 일손 돕기에 참여한 시골 마을에서 만난 친구. 초등학교 반장인 도영은 조그만 농촌 마을에서 사는 자신과 달리 화려한 도시에서 사는 공부방 친구들을 부러워하며 주눅이 든다. 도시 아이들처럼 방과 후 활동도 하고 엄마 아빠랑 놀이공원에도 가고 싶다. 하지만 정신이가 들려준 헤겔의 욕구와 자유 이야기를 들으면서 자신이 진짜 원하는 꿈이 무엇인지 다시 생각해보게 되었고, 결국 자신의 자리에서 최선을 다하기로 결심한다. 서울로 떠나는 정신이에게 손편지를 쓴 도영이. 편지엔 어떤 말이 씌어 있을까?

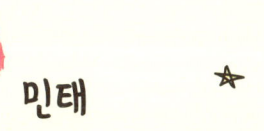

민태

엄마 없이 두 형, 아빠와 함께 사는 민태는 착한 아이 공부방에서 가장 어리고 활달한 막내. 정신이 누나를 잘 놀려 먹고, 제 맘에 안 들면 투정도 잘 부리고, 문제가 잘 안 풀리면 벌러덩 누워 버린다. 하지만 호기심 많고 재치 넘치는 대답도 잘하는 분위기 메이커라서 해결 선생님의 사랑을 독차지한다.

인간 정신과 자유, 역사를 탐구하다
헤겔

1770년 프로이센에서 세무서 관리의 장남으로 태어난 헤겔은 대학에서 신학을 전공했지만 철학을 더 좋아했다. 학창 시절에 영리하고 지적인 학생이었지만 발표 실력만은 형편없었고, 나중에 교수가 되어서도 훌륭한 강의를 하는 교육자는 아니었다. 하지만 자연, 역사, 정신 등 모든 사물과 세계를 운동과 변화, 발전의 과정으로 설명하고, 이들의 내적 연관을 파악하려 했던 헤겔의 철학은 현대 철학의 원천이라고 할 만큼 현대 사상에 깊은 영향을 끼쳤다. 헤겔은 정신을 포함한 만물이 정(正, 긍정) → 반(反, 부정) → 합(合, 부정의 부정)이라는 변증법 과정을 거쳐 자연, 역사, 국가라는 현실이 되어 자기 발전을 지속하며, 결곡엔 절대정신에 이른다고 보았다. 헤겔은 이상적인 공동체란 개인과 사회의 자유가 함께 실현되는 사회라고 말했으며, 세계사는 절대정신(이성)이 자유를 향해 나아가는 과정이라고 정의했다.

이 세상에서 위대한 일 치고
정열 없이 성취된 것은 없다.

-헤겔

1
해결 선생님과 착한 아이 공부방

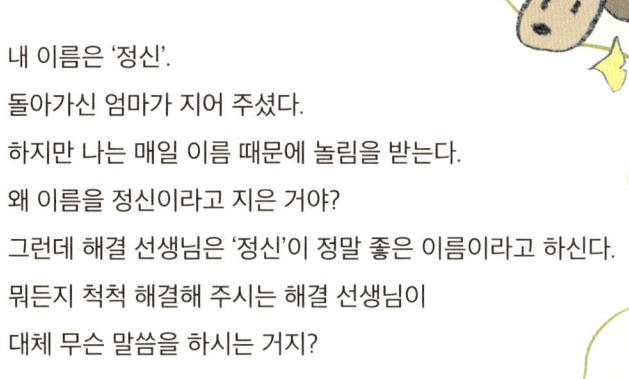

내 이름은 '정신'.
돌아가신 엄마가 지어 주셨다.
하지만 나는 매일 이름 때문에 놀림을 받는다.
왜 이름을 정신이라고 지은 거야?
그런데 해결 선생님은 '정신'이 정말 좋은 이름이라고 하신다.
뭐든지 척척 해결해 주시는 해결 선생님이
대체 무슨 말씀을 하시는 거지?

엄마, 내 이름이 왜 정신이야?

은행나무 공원을 지나쳐 출근하는 사람들이 드문드문 보였다. 공원 중앙에 있는 백 년 된 아름드리 은행나무를 비롯해서 키가 큰 수십 그루의 은행나무들 덕분에 공원은 마치 초록 구름이 떠 있는 것처럼 보였다.

모두들 바쁘게 출근하는 걸음 사이로 공원을 천천히 걷고 있는 한 젊은 아주머니가 있었다. 아주머니는 출근할 때마다 지나는 이 공원이 너무 좋았다. 그래서 항상 10분 정도 미리 나와서 천천히 산책을 즐겼다.

"아, 아름다워라. 어떻게 저런 빛깔이 나올 수 있을까?"

매일 출근하면서 보는 나무들이지만 볼 때마다 저절로

감탄의 소리가 나왔다.

　도토리보다 큰 은행이 가끔씩 툭 떨어졌다. 젊은 아주머니는 검정 비닐봉지에 떨어진 은행을 주워 담고 있었다. 은행에서는 독특한 냄새가 났다. 은행 열매가 사람들 발에 밟히거나 자동차에 짓이겨질 때면 더 독한 냄새가 났다. 냄새나는 은행나무 옆을 지날 때마다 사람들은 한마디씩 했다.

　"에구, 이게 무슨 냄새야! 냄새 한번 지독하네."

　"아휴, 꼭 똥 냄새 같네. 저리로 돌아가자."

　은행을 하루에 5개 정도씩 볶아서 먹으면 보약이 된다고 한다. 그러나 좋은 약이라는 걸 모르거나 안다고 하더라도 그 지독한 냄새를 무릅쓰고 은행을 줍겠다고 나서는 사람은 많지 않았다. 그래서 냄새나는 은행은 세련되게 차려입고 공원을 지나는 도시 사람들에게 외면당했다. 그러나 젊은 아주머니는 냄새 따위에 아랑곳하지 않고, 마치 보물찾기를 하듯이 낙엽 더미를 헤치며 은행을 주워 담았다.

　그런데 갑자기 하늘이 어두워지더니 바람이 세차게 불기 시작했다. 금방이라도 비가 쏟아질 것 같았다. 세차게 부는 바람에 은행이 비처럼 우수수 쏟아졌다. 한두 개가 아니라 수십 개, 아니 수백 개씩 떨어졌다.

"어머나, 이렇게 많은 은행은 처음이야. 은행 비야, 은행 비!"

비가 쏟아질까 봐 사람들은 걸음을 더욱 재촉했다. 후두둑 후두둑 떨어진 은행은 이제 셀 수 없을 만큼 많았다. 그러나 그것에 관심을 두는 사람은 아주머니 한 분밖에 없었다. 정신없이 은행을 주워 담는 장면에서 아주머니는 잠에서 깨어났다.

"별 희한한 꿈도 다 있네."

아주머니는 잠에서 깨고 나서도 꿈이 생생하게 떠올랐다.

'사람들은 냄새난다고 거들떠보지도 않았지만, 그건 다 귀한 은행이었어. 곧 태어날 아이는 정말 소중한 것이 무엇인지 알고, 발견할 수 있는 마음을 가졌으면 좋겠다.'

"정신아, 정신 있니?"
"정신없다."
"정신 있니?"
"정신없다니까!"
"푸, 하하하."

정신이는 오늘도 짓궂은 남자 아이들에게 둘러싸여 놀

림을 당하고 있었다.

"누구야! 누가 또 정신이를 놀려?"

선생님이 들어오시고 나서야 정신이는 시끄러운 놀림에서 벗어날 수 있었다.

정신이는 학교 가는 게 싫었다. 어른들은 아이들이 아무것도 모르고 하는 행동이나 말을 천진난만하다며 좋게 표현한다. 그러나 다른 친구의 가장 아픈 데를 아무렇지도 않게 콕콕 찌르며 놀리는 건 잔인한 행동이다. 그런 행동이나 말은 또래 아이들에게 상처를 준다. 이것은 비단 정신이만의 문제가 아니다.

"아이 참, 엄마는 좋은 이름 다 놔두고, 왜 하필 정신이라고 지으셨지?"

정신이는 가끔 엄마가 원망스러운 마음이 들었다. 그러나 진짜로 엄마를 원망해 본 적은 없다. 엄마가 살아 계실 땐 누구보다도 엄마의 사랑을 듬뿍 받았기 때문이다. 초등학교 3학년 여름방학 때까지 정신이는 이 세상에서 가장 행복한 아이였다.

"정신아, 엄마는 정신이를 너무너무 사랑한단다. 이 세상 어떤 것과도 우리 정신이를 바꿀 수는 없지."

엄마는 정신이에게 사랑한다는 말을 아끼지 않으셨다. 그리고 언제나 학교에서 돌아오면 따뜻하게 안아 주셨다.

"우리 정신이 오늘도 참 잘했어."

뭘 잘했다는 것인지 모르지만 그 순간은 가장 행복한 시간이었다. 수업 시간에 발표했는데 답이 틀려서 창피했던 것도, 친구와 다퉈서 속상했던 것도 엄마 품에서는 눈 녹듯이 사라졌다.

그런데 어느 날부터 엄마의 안색이 안 좋아 보였다. 엄마가 병원에 입원하게 돼서 집을 비우는 날도 많아졌다. 하루는 엄마가 정신이를 붙들고 펑펑 우셨다.

"엄마, 왜 그래? 왜 울어?"

"오늘 엄마가 속상한 일이 있었어. 그래서 자꾸 눈물이 나네."

"엄마, 괜찮아. 우리 엄마 오늘도 참 잘했어요."

정신이는 평소에 엄마가 해 주었던 것처럼 똑같이 엄마를 안아 주었다. 엄마는 더욱더 크게 우셨다. 그러나 곧 눈물을 그치고 애써 밝은 표정을 지었다.

"정신아, 엄마가 정신이를 가졌을 때 어떤 꿈을 꾸었는지 얘기했던가?"

"응. 엄마가 은행 줍는 꿈을 꾸었다고 했어요."

"그래, 맞아. 은행 줍는 꿈. 엄마는 그 꿈을 꾸고 나서 너의 이름을 정신이로 지어야겠다고 결정했어. 은행은 그 속에 참 귀한 알맹이가 들어 있는데도, 사람들은 냄새 때문에 기분 나빠 했어. 그러나 엄마는 은행을 주울 때 보물을 줍는 것처럼 기뻤단다. 그래서 꿈에서 깨어나 우리 아이 이름을 정신이로 해야겠다고 생각했어. 눈에는 잘 보이지 않지만 분명히 존재하는 귀한 것을 볼 수 있는 눈을 갖길 바랐거든."

"엄마, 그런데 왜 정신이야? 눈에 보이지 않는 것은 공기도 있고, 마음도 있고……. 어쨌든 많잖아."

"호호호, 그래 맞아. 공기도 마음도 있었구나! 그런데 엄마는 '정신'이란 말이 떠올랐어. 엄마가 대학 다닐 때 괴테라는 작가를 좋아했는데 이런 말을 했단다. '정신은 몸속에 있지만, 정신의 활동은 몸이라는 틀을 벗어나 마음대로 날아다닌다.' 참 멋있는 말이지?"

"……."

"잘은 몰라도, 정신이 몸 안에 있지만, 정신의 활동은 몸의 제한을 받지 않는다는 뜻이 아닐까 해. 그래서 엄마는 생각했지. 우리 몸속에 분명히 있지만 그렇다고 어디에 갇혀 있지 않고 자유롭게 날아다니는 '정신'처럼 우리 아이도 어떤 것에 갇히지 않고 자유롭게 열린 생각을 하는 사람이 되면 좋겠다고 말이야."

정신이는 엄마가 하는 말을 다 알아들을 수는 없었지만 정신이라는 이름 안에 깊은 뜻이 들어 있다는 것을 느낄 수 있었다. 사실 가끔 아이들이 이름 가지고 놀릴 때는 부끄러운 생각이 들기도 했지만 엄마 말을 들으면 조금은 괜찮아졌다.

그렇지만 이제는 집에 가도 안아 줄 엄마가 계시지 않았다. 아이들이 놀려도 엄마가 한 번 안아 주면, 금세 기분이 풀리곤 했는데……. 정신이는 엄마가 너무 보고 싶었다. 선생님이 나가시자 아이들은 다시 정신이를 놀리기 시작했다.

"정신아, 정신 있니?"

"정신 나갔다."

"하하하."

정신이는 애써 엄마가 해 주신 말을 떠올리며 울고 싶은 것을 참았다.

착한 아이 공부방

정신이는 5학년이 되었지만, 학교가 끝나면 동네 이곳저곳을 쏘다니기 일쑤였다. 다른 친구들은 학원이다 과외다 바쁘기만 한데, 정신이는 집에 가도 챙겨 줄 어른이 없었다. 함께 사는 아빠는 아침 일찍 출근해 저녁 늦게 집에 돌아오셨기 때문이다. 그래서 정신이는 점심과 저녁 식사를 혼자 해결해야 하는 때가 많았다.

"쯧쯧, 어린 것이 불쌍하기도 하지. 엄마가 살아 있었으면 누구보다 밝게 클 아이인데."

"정신아! 이리 와서 밥 먹고 가거라."

동네 식당 아줌마와 아저씨는 정신이를 불러 세워 놓고

한마디씩 하시고는 밥을 차려 주었다. 평소 정신이에게 친절하게 대해 주는 아줌마와 아저씨였다.

"정신아, 어디 있다가 이제 오니?"

"저기 은행나무 공원에요."

정신이가 자주 가는 곳은 엄마가 좋아하셨던 은행나무 공원이었다. 그곳에서 빈 의자에 앉아 하늘도 보고 지나가는 사람들도 보면서 해가 저물도록 있을 때가 많았다.

"저런, 쯧쯧. 거기는 뭐 하러 자주 가니? 친구들이 있는 놀이터 같은 데 가지 않고……."

"네……."

정신이는 마음씨 좋은 아줌마, 아저씨의 걱정 어린 말씀에 가슴이 따뜻해지는 걸 느꼈다.

"참, 정신아. 우리 동네에 '착한 아이 공부방'이 있다는구나. 네 또래 아이들도 제법 있다고 해. 아빠 오실 때까지 거기서 공부도 하고 놀기도 하면 좋지 않겠니? 아빠와 얘기해서 한번 찾아가 보렴."

착한 아이 공부방? 정신이는 별로 가고 싶지 않았다. 공부방이라고 하니 공부 때문에 스트레스를 받아야 하는 학원이랑 똑같을 거라는 생각이 들었다. 게다가 착한 아이란 말에 왠지 거부감이 들었다. 그러나 정신이의 의지와는 상관없이 식당 아줌마와 아저씨는 정신이 아빠를 설득했다.

"애를 그냥 저렇게 두면 안 돼요."

그래서 정신이는 방과 후에 착한 아이 공부방에 나가게 되었다.

착한 아이 공부방은 집에서 보살필 사람이 없어 온종일 동네를 배회하는 아이들을 돌봐 주는 곳이었다. 보통 아이들과 달리, 엄마 없이 생활하는 아이들 대부분은 학교에서 돌아오면 숙제를 하거나 얌전히 책을 본다거나 하는 것과는 거리가 멀었다. 목소리도 다른 아이들보다 세 배는 더 컸다. '이거 해라, 저거 해라' 하는 누군가의 간섭을 받는 것에 익숙하지 않았고, 무언가를 시키면 단번에 하는 일이 없었나. 그리고 어른이 하자고 하는 모든 제안에는 일단 "싫어요!", "안 해요!"라는 대답이 먼저 나왔다.

그러다 보니 2년 전, 동네에 공부방이 처음 생겨 좋아했던 동네 사람들도 이제는 어떻게 하면 공부방을 다른 곳으로 이사시킬 수 있을까 고민하기 시작했다. 그리고 '착한 아이 공부방'이란 이름 대신 '공포의 외인 구단'이라고 불렀다.

해결 선생님

　맨 처음 착한 아이 공부방이 열렸을 때 계셨던 선생님 두 분은 말이 점점 거칠어지더니 급기야 고래고래 소리를 지르다가 결국 공부방을 떠나셨다. 아이들은 비록 소리를 지르는 선생님이었지만 그렇게 떠나 버리시니 너무 섭섭했다.

　그리고 나서 오신 분이 바로 '해결 선생님'이다. 아이들이 여기저기서 뻥뻥 터뜨린 사건들을 척척 해결하셔서 붙은 별명이었다. 선생님은 2년이 거의 다 되어 가는데도 공부방을 떠날 생각을 안 하셨다. 버릇없는 아이들 곁을 아직도 떠나지 않는 걸 보면, 진짜 공부방 아이들을 좋아하시는 게 분명했다.

정신이가 공부방 대문을 열고 들어섰다. 마당이 꽤 넓었다. 일반 가정집처럼 평온한 모습이었다. 한쪽에는 감나무가 심어져 있었고, 다른 한쪽에는 항아리들이 여러 개 놓여 있었다. 계단을 올라 현관문을 열고 들어가는데 시끄러운 소리가 확 들렸다. 밖에서 들으니 집 안에 한 스무 명은 있는 것 같았다. 그런데 막상 들어가자 고작 대여섯 명밖에 없었다.

제일 먼저 해결 선생님이 정신이를 보고 인사했다.

"안녕? 네가 정신이구나. 아버지와 통화했단다. 잘 왔어."

순간 새로운 아이의 등장으로 그렇게 시끌벅적하던 공부방이 조용해졌다.

"애들아, 오늘부터 너희들과 같이 지내게 될 정신이야."

다늘 경계의 눈빛을 보내며 사신들만의 공간에 다른 아이가 끼어드는 것을 무척 떨떠름하게 여기는 것 같았다.

"선생님, 저 누나도 여기 와요? 에이, 싫은데!"

가장 막내인 민태가 아는 체를 했다.

"난 저 누나 알아. 우리 학교에 다니는 누나야."

"나도 알아."

"나도."

아이들은 정신이가 자기들과 같은 학교에 다닌다는 것을 알고 있었다. 학교에서 어떤 놀림을 당하는지도 알고 있었다.

"정신이 있어요?"

한 아이가 시작했다.

"정신이 없다."

"하하하!"

정신이는 고개를 돌리고 외면해 버렸다. 좋은 곳이라는 식당 아줌마의 말씀에 조금이나마 기대를 했었는데, 여기서도 이름을 가지고 놀리다니 실망스러웠다.

'그럼 그렇지, 쳇. 뭐가 착한 아이 공부방이야! 이런 곳은 다니지 않을 거야!'

"요 녀석들, 그만두지 못하겠니! 정신이란 뜻을 제대로 알기나 하고 놀리는 거야, 쯧쯧쯧."

해결 선생님의 눈이 옆으로 가늘게 찢어지면서 목소리가 바뀌었다. '제대로'란 말을 강조할 때 공부방 아이들은 '아차, 실수했구나.' 싶었다. 그러나 이미 때는 늦었다.

솔직히 공부방 아이들은 '이게 다 너희들을 위해서야.'라는 어른들의 말에 쉽게 속지 않았다. 진심으로 위한다면 말

로만이 아니라 행동으로 보여 줘야 하는 것임을 잘 알고 있기 때문이었다. 그러나 해결 선생님은 진심으로 공부방 아이들 모두 잘되길 바라는 마음으로 꾸짖으신다는 것을 알고 있었다. 그래서 다른 사람 말은 몰라도 해결 선생님이 하시는 말씀은 귀담아 들었다.

"독일의 대문호 괴테가 한 말이 있다. '정신은 몸속에 있지만, 정신의 활동은 몸이라는 틀을 벗어나 마음대로 날아다닌다.' 무슨 말인지 알겠니?"

정신이는 깜짝 놀라 해결 선생님을 쳐다보았다. 엄마가 살아 계실 때 들려주셨던 말이었다. 어떻게 잊을 수 있을까? 정신이는 엄마가 해 준 그 말을 한 번도 잊은 적이 없었다.

"그건…… 정신이 비록 몸 안에 있어도, 정신의 활동은 몸의 제한을 받지 않고 자유롭다는 뜻이에요."

고개를 푹 숙이며 대답하는 정신이의 눈에 어느새 눈물이 방울방울 맺혀 있었다. 잊지 못할 괴테의 말을 듣는 순간, 엄마 생각이 났던 것이다. 해결 선생님은 정신이의 마음을 아시는지 정신이의 등을 토닥토닥 두드려 주셨다. 덩달아 아이들도 왠지 모를 슬픔에 동화되어 분위기가 숙연해졌다.

"정신이가 한 말 잘 들었지? 괴테의 친구 중에 헤겔이라는 철학자가 있었단다. 헤겔은 정신이 자유롭다고 했어. 어디든 갈 수 있는 자유 말이야."

"헤겔? 해결?"

아이들은 하나같이 고개를 갸우뚱거리며 '헤겔?', '해결?' 하고 되뇌었다.

"그래, 요 녀석들아. 내 별명하고 비슷하지? 헤겔이라는 유명한 독일 철학자가 있었단다. '정신'에 대해 아주 많이 공부한 사람이지. 잘 들어 보렴. 정신이 얼마나 중요한 것인지 이제 알게 될 거야. 정신은 자유로우니까 시간과 공간을 마음대로 옮겨 다닐 수 있어. 그래서 정신은 과거의 지식을 배우기도 하고, 그것을 이용해서 새로운 것을 만들기도 한단다. 그리고 무엇보다 자기 자신에 대해 알려고 하지."

정신이는 해결 선생님이 '정신은'이라고 할 때마다 자기 이름을 말하는 것 같아 쑥스러웠다. 엄마 생각이 나면서 눈가에 맺혔던 눈물방울이 어느새 사라져 있었다.

"그런데 정신이 왜 자기 자신을 알려고 해요?"

아이들의 놀림을 받고 혼자 외롭게 울 때, 정신이는 '과연 나는 누구일까?'라고 생각한 적이 많았다. 그래서 정신이 자기 자신에 대해 알려고 한다는 말에 귀가 솔깃했다.

"음, 그건 욕구가 있기 때문이야. 정신이 자기 자신을 알려는 욕구 말이지. 그러니까 정신은 '알려고 하는 정신'과 그 정신에 의해 '알려지는 정신'이 있는 셈이지."

아이들은 정신이를 왜 놀렸을까 점점 후회하기 시작했다.

"알려고 하는 정신은 '욕구하는 정신'이라고도 한단다. 알려지는 정신은 '욕구하는 정신'의 '대상'인 거지."

막내 민태는 형아와 누나들을 따라서 처음엔 꼼짝 않고 듣고 있었지만 슬슬 몸을 비틀더니 이제는 완전히 누워 버렸다.

'잘은 모르겠지만 정신이 누나를 놀린 건 잘못한 거야.'

민태는 누나를 놀려서 해결 선생님이 훈계를 하게 만든 자신의 행동이 후회스러웠다.

"선생님, 잘못했어요."

"잘못했어요, 다음부터는 안 놀릴게요."

아이들은 머뭇거리며 용서를 빌었다.

"잘못했어요, 선생님. 용서해 주세요."

해결 선생님의 훈계가 이쯤에서 끝났으면 하는 바람도 있었다. 민태가 드러누운 것을 본 해결 선생님의 얼굴빛이 점점 풀리더니 마침내 너털웃음을 터뜨리셨다.

"민태야, 이래도 정신이 누나를 놀릴 거야?"

민태는 고개를 절레절레 흔들면서 크게 대답했다.

"아니요! 정신이 가장 중요하다고 선생님이 말씀하셨잖아요."

어린 민태는 헤겔과 해결을 구별하기 힘들었다. 그래서 헤겔이 바로 해결 선생님이라고 단순하게 생각하기로 한 모양이었다.

네 생각은 어때?

해결 선생님은 정신이라는 이름을 가지고 놀리는 아이들에게 '정신'의 의미가 얼마나 중요한지 아이들에게 이야기해 줍니다. 정신은 스스로 자신이 누구인지 알려고 한다는데요, '알려고 하는 정신'과 '알려지는 정신'을 비교해 보고 헤겔이 말하는 정신에 대해 설명해 보세요.

▶ 풀이는 208쪽에

자유로운 정신

"선생님, 배고파요. 오늘 간식은 뭐예요?"

막내 민태는 더 이상 참지 못하고 해결 선생님의 옷자락을 잡아당겼다.

"그래, 그래. 우리 막내가 배고프구나! 어쨌든 오늘부터 정신이랑 잘 지내는 거다."

"네!"

아이들은 선생님의 기나긴 '제대로, 제대로' 강의가 또 시작될까 봐 크게 대답했다.

오늘 간식은 이번에 공부방 아이들이 함께 강원도에 가서 캔 고구마와 우유였다. 강원도 산골 고구마는 어린아이

팔뚝만큼 크고 굵었다. 아이들은 바구니 가득 담긴 고구마를 보더니 입이 함지박만 하게 벌어졌다.

"잘 먹겠습니다!"

아이들은 한목소리로 크게 외치고는 저마다 자기 팔뚝만 한 고구마를 하나씩 들고 맛있게 먹기 시작했다. 찐 고구마쯤이야 대수롭지 않을 수도 있지만, 착한 아이 공부방의 아이들은 달랐다. 해결 선생님이 따뜻한 마음으로 쪄 주신 고구마라는 것을 알기 때문이다. 사실 아이들은 배고픔보다도 어른들의 사랑과 관심에 굶주려 있었다. 해결 선생님은 바로 그것을 채워 주었다.

고구마를 먹으면서 아이들은 슬슬 장난기가 발동하는 모양이었다. 막내 민태가 먼저 장난을 시작했다.

"이거 봐라, 나는 옥수수다."

숟가락으로 고구마 껍질을 벗기다가, 뒤에 달린 손잡이로 옥수수처럼 줄을 판 것이다.

"하하, 진짜네. 나도 옥수수 먹을래."

너도나도 숟가락을 거꾸로 잡더니 고구마에 줄을 긋기 시작했다.

"우와, 이렇게 하니까 정말 옥수수 맛이 나려고 해."

"그럼 이건 밤고구마가 아닌 옥수수 고구마네? 히히."

해결 선생님은 아이들 노는 모습을 바라보며 흐뭇한 표정을 지었다. 그러다가 갑자기 뭔가 생각난 듯이 눈을 반짝였다.

"얘들아, 선생님이 재밌는 얘기 해 줄까?"

"네!"

"무슨 얘긴데요? 빨리 해 주세요."

"야아, 우리가 조용히 해야 선생님이 말씀하시지. 쉿!"

준희의 말에 모두 조용히 하고 선생님을 뚫어져라 쳐다보았다.

"너희들이 고구마를 가지고 옥수수로 만드는 걸 보니까 생각난 건데, 아까 하다 만 이야기 있지? 욕구하는 정신 말이야."

아이들은 허탈한 표정을 지었다.

"또 정신 이야기예요? 난 또 재미있는 이야긴 줄 알았네."

민태가 뾰로통해져서 고구마를 한입 가득 문 입이 더 튀어나왔다.

"하하하. 그래, 우리 민태에게는 어렵겠구나. 그렇지만 한번 잘 들어 보렴. 선생님이 쉽게 설명해 줄게. 내가 아까 정신이 두 개로 나뉜다고 했지? 정신 스스로가 자기 자신이 무엇인지 알려고 하기 때문에, '알려고 하는 정신'과 '알려지는 정신'으로 나뉜다고 했어. 그렇지?"

아이들은 점점 더 그 정신과 고구마가 무슨 관계가 있는지 모르겠다는 표정이 되었다.

"'알려고 하는 정신'에게 '알려지는 정신'은 대상이 되는 거야. 이렇게 정신은 자기를 알아 가는 과정에서 맨 처음 '대상'부터 정한단다. 그리고 그 '대상'을 자기라고 생각한 다음에, 그것을 차츰차츰 자기 것으로 만들어 가는 거야. 마치 너희들이 고구마로 옥수수를 만든 것처럼 말이야."

정신이는 옥수수 알갱이가 박힌 것처럼 삐뚤삐뚤 조각된 고구마를 쳐다보면서, 해결 선생님이 하신 말씀을 이해하려고 노력했다.

'저 옥수수를 조각할 때, 나는 머릿속에 옥수수를 떠올리고 고구마에 줄을 그었어. 그럼 그거랑 비슷한 건가?'

"그러니까 이 고구마를 옥수수라고 생각한 다음에, 옥수수처럼 줄을 파고 모양을 만든 것이, 정신이 자기를 알아 가는 과정과 비슷하단 말씀이에요?"

정신이의 조심스러운 물음에 해결 선생님은 약간 놀라

신 것 같았다.

"정신이가 선생님보다 설명을 더 잘하는구나. 흐음. 정신아, 네가 이해한 것을 아이들에게 설명해 주지 않겠니?"

해결 선생님의 칭찬에 정신이는 얼굴이 빨개졌다. 그렇지만 자신의 이름이 큰 의미를 가지고 있다는 것에 용기를 얻었는지 작은 목소리지만 차분하게 설명하기 시작했다.

"언젠가 미술 시간에 선생님께서 하신 말씀이 생각났어요. 미켈란젤로에게 사람들이 물었대요. '보잘것없는 돌로 어떻게 이런 훌륭한 작품을 만들어 낼 수 있습니까?' 그러자 미켈란젤로는 '그 형상은 처음부터 화강암 속에 있었죠. 나는 단지 불필요한 부분들만 깎아 냈을 뿐입니다.'라고 대답했대요. 제 생각에는 정신이 자기를 알아 가는 과정도 비슷한 것 같아요. '대상'에서 불필요한 부분을 없애고, 점점 자기에게 맞는 것으로 변화시켜 가는 것 같아요. 조각가가 자신의 생각대로 모양을 만들어 가는 것처럼요."

잠시 정적이 흘렀다. 모두들 입을 벌리고 정신이를 바라보고 있었다. 정신이는 너무 쑥스러웠다.

"제가 첫날부터 너무 잘난 척한 거 같아요."

"아니야. 우리 모두 감탄한 거야. 그렇지 얘들아?"

선생님 말씀에 모두들 그제야 평소 모습대로 수선스럽게 대답하기 시작했다.

"맞아요."

"정신이 누나 너무 대단해요!"

해결 선생님이 흐뭇한 표정으로 다시 말씀을 시작하셨다.

"정신이 설명 잘 들었지? 정신이 자기 자신을 안다는 것은 자신을 실현해 가는 거란다. 처음에 정한 대상에서 자신에게 낯선 것을 없애고, 익숙하고 맞는 것으로 변화시켜 가는 거지."

정신이가 안 왔더라면 어쩔 뻔했는지, 정신에 대해서 많은 것을 말하고 계시는 선생님! 그동안 어떻게 참았을까? 마치 물 만난 물고기처럼 선생님은 '정신'에 대한 얘기를 계속하셨다.

"그런데 정신이 자신을 실현해 가다 보면 문제가 생겨."

문제란 말에 아이들은 움찔했다. 동네 어른들이 자신들을 '문제아'라고 부르는 걸 너무 많이 들었기 때문이다.

"저 공부방 애들은 문제야, 문제. 쯧쯧쯧."

그런데 정신도 문제가 있다고 한다. 아이들은 궁금했다. 도대체 정신은 어떤 문제가 있는 걸까?

철학자의 생각

외부 세계를 관찰하면서
자신을 만들어 가는 정신

몸 안에서 생각하고 활동하는 정신

정신은 만지거나 볼 수 없지만 우리 '몸 안에 있는 것'은 틀림없습니다. 정신은 몸 안에 있습니다. 그러면 몸 안 어디에 있을까요? 머리? 뇌? 괴테라는 문학가는 "정신은 몸속에 있지만, 정신의 활동은 몸의 틀을 벗어나 마음대로 날아다닌다."라고 했습니다. 이것은 정신이 몸 안에 있지만 정신의 활동은 몸의 제한을 받지 않는다는 뜻입니다. 헤겔이 말하는 정신은 상황에 따라 '영혼' 혹은 '마음'이라는 의미로 쓰입니다. 정신은 또한 과거의 지식을 배우기도 하고, 그것을 이용해 새로운 것을 만들기도 합니다.

정신 스스로 자신이 무엇인가를 아는 것을 정신의 '자기 인식'이라고 합니다. 우리가 '안다'는 말을 사용할 때, 보통 대상이 있는 물건에 대해 안다고 하지요? 예를 들면, 선생님을 안다, 고양이를 안다 등. 이러한 종류의 앎은 대상에 대해 알기 때문에 '대상에 대한 인식'이라고 합니다. 반면에 자기 인식이라고 하는 것은 정신이 자기 자신을 대상으로 하는 앎입니다.

프랑스 철학자 중에 17세기에 활동한 데카르트(1595~1650)는 정신에 대해 매우 유명한 말을 했습니다. "나는 생각한다. 고로 존재한다." 아마 정신을 이보다 더 잘 표현한 말은 없을 것입니다. 데카르트는 정신을 생각하는 어떤 것으로 보았고, 우리가 자신에 대해 확실히 알 수 있는 것은 우리의 몸보다 그 정신이라고 생각한 것입니다. 그래서 정신이 생각하고 활동하고 있어야 몸이 있다는 주장을 하게 된답니다. 데카르트 이후 정신에 대해 더 깊은 논쟁들이 있었습니다.

내 생각들이 어떻게 내 몸과 관계를 맺는가? 몸 안에 정신이 있다면, 이들은 어떤 방식으로 서로 만나는가? 정신이 존재하는 곳은 물질인데 어떻게 해서 생각할 수 있는가? 이러한 논쟁을 '정신과 신체에 관한 문제'라고 한답니다. 헤겔도 정신이나 생각한다는 것이 무엇이며, 정신이 몸이나 외부 세계에 대해 어떤 관계를 갖는지 알고 싶어 했습니다.

결국 이러한 질문들은 정신에 대한 참된 지식을 갖는 일입니다.

정신은 외부 세계를 통해 자기를 비춰 보며 자신을 만들어 간다

헤겔은 정신의 자기 인식에 대해 정신이 무엇인가를 생각만 해서는 알 수 없는 문제라고 생각했습니다. 우리가 무엇을 알려면 그 대상이 있어야 합니다. 정신도 마찬가지로 자신에 대해 알려면 정신 자신을 대상으로 해야 합니다. 그런데 문제는 알려고 하는 것도 정신이라는 것입니다. 그래서 헤겔은 '알려고 하는 정신'과 '알려지는 정신'으로 나누었습니다. '알려고 하는 정신'은 주체이고 '알려지는 정신'은 대상이 되는 것입니다. 정신이 하는 일을 크게 욕구하는 일과 생각하는 일로 나눌 수 있습니다. 정신은 독특하게 외부에 대해 생각하면서 동시에 자신에 대해서도 생각할 수 있습니다.

정신이 자기 자신을 안다는 것은 자신을 실현해 가는 것입니다. 자신을 실현하기 위해 정신은 자신의 내부만 들여다보아서는 아무것도 얻을 수 없습니다. 자신을 알기 위해 정신은 자신의 외부에 있는 세계를 자신의 것으로 만드는 일을 해야 합니다. 세계를 자신의 것으로 만들어 갈 때 정신이 알게 되는 최초의 일은 자신이 스스로 제시한 대상에 대해 불만족하게 생각한다는 것입니다. 그렇다고 해서 그 대상을 사라지게 할 수는 없습니다. 처음부터 다시 시작해야 하기 때문입니다. 이것이 바로 정신이 자신을 생각하기 시작할 때 빠지게 되는 딜레마입니다. 그 해결 방법은 대상으로서 자꾸 다른 자기의식을 만드는 것이랍니다. 그리고 거울에 자기 모습을 비춰 보듯 서로 비교해 보고 마음에 들지 않으면 다시 다른 의식을 찾아 나서는 것입니다. 끊임없이 활동하는 것이지요.

결국 정신이란 고립되고 갇혀서는 자신을 알 수 없습니다. 정신은 다른 의식 존재를 관찰하면서 자신의 원래 모습으로 전개되어 가는 것이랍니다. 헤겔은 사람의 정신은 모든 것을 알 수 있는 단계까지 나아갈 수 있다고 생각했습니다. 역사가 발전하여 완성된 역사가 이루어지는 것처럼, 정신도 발전하여 가장 완성된 정신이 될 수 있는 것입니다. 헤겔은 그러한 정신을 '절대정신'이라고 했습니다. 절대정신은 세계사 속에서 움직이고 있는 모든 것을 넘어서 있으며, 또한 모든 것을 알 수 있는 정신입니다. 모든 것을 통솔하고 있는 최상의 정신인 것입니다.

즐거운 독서 퀴즈

1 다음 글에서 설명하는 단어는 무엇일까요? (   )

- 우리 몸 안에 있지만, 그것의 활동은 몸의 제한을 받지 않는다.
- 과거의 지식을 배우기도 하고 새로운 것을 만들기도 하는 것, 자기 자신에 대해 알려고 하는 것.
- 자신의 노력에 따라 언제든지 변화할 수 있는 무한한 힘이 있다.
- 헤겔은 역사를 이것이라고 말했다.

❶ 마음   ❷ 정신   ❸ 세계   ❹ 역사

정답

❷ 정신

2 서로 관련 있는 것끼리 선으로 연결해 보세요.

데카르트 •　　　　　　• 나는 생각한다, 고로 존재한다

딜레마 •　　　　　　• 절대정신

헤겔 •　　　　　　• 어느 쪽을 선택해도 바람직하지 못한 결과가 나오는 상황

3 다음은 독일의 대문호 괴테가 한 말이에요. 이 말의 뜻은 무엇일까요? (　　)

> 정신은 몸속에 있지만, 정신의 활동은 몸이라는 틀을 벗어나 마음대로 날아다닌다.

❶ 정신은 불규칙하고 오락가락해서 너무 혼란스럽다.
❷ 정신은 몸 안에서 불안정하게 존재하며 아무 데나 떠돌아다닌다.
❸ 정신은 비록 몸 안에 있어도 정신의 활동은 몸의 제약을 받지 않고 자유롭게 옮겨 다닐 수 있다.

정답

2. 데카르트 - 나는 생각한다, 고로 존재한다
 • 딜레마 - 어느 쪽을 선택해도 바람직하지 못한 결과가 나오는 상황
 • 헤겔 - 절대정신

3. ❸

국민과 정부는 역사로부터
아무것도 배운 적이 없고
혹은 역사로부터 연역한 원칙에 따라
행동한 적도 없다.

— 헤겔

2
내일은 해가 뜬다

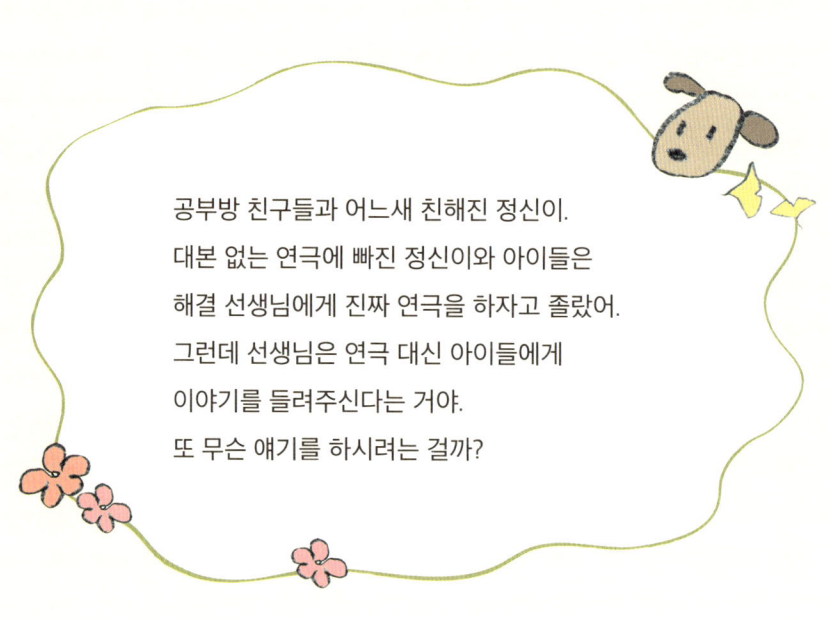

공부방 친구들과 어느새 친해진 정신이.
대본 없는 연극에 빠진 정신이와 아이들은
해결 선생님에게 진짜 연극을 하자고 졸랐어.
그런데 선생님은 연극 대신 아이들에게
이야기를 들려주신다는 거야.
또 무슨 얘기를 하시려는 걸까?

고인 물은 썩는다

정신에 대해 이야기하다가 선생님은 갑자기 '문제'라는 말을 꺼내셨다. 무슨 문제? 아이들은 점점 긴장되었다.

"너는 문제아야! 도대체 네 부모님은 뭘 가르치는 거니?"

"역시 엄마 없이 자란 티가 나는구나, 쯧쯧."

"부모님 모시고 와! 너는 혼 좀 나야 해!"

공부방 밖에서 아이들은 골칫거리, 문제아로 찍혀 있었다.

"녀석들, 선생님이 시험 문제를 내겠다고 말한 것도 아닌데 표정들이 왜 그러냐?"

해결 선생님은 아이들이 갑자기 긴장하는 이유를 눈치채지 못하셨다. 우스갯소리를 하는 선생님에게 막내 민태가 투정을 부리듯이 속내를 말했다.

"시험 문제만 문제예요? 우리도 문제라던데요? 매일같이 어른들이 우리 보고 문제야 문제, 그러잖아요. 치, 난 문제 아닌데……."

선생님은 그 순간 민태를 꼭 안으면서 말씀하셨다.

"암, 그렇지. 이렇게 예쁜 문제도 있나? 그건 어른들이 모르고 하는 소리야."

"맞아요! 또 너는 왜 학원 안 가고 공부방 가냐고 이상하게 쳐다보는 애들도 있어요. 공부방이 문제아들만 다니는 데 아니냐고 그래요. 그래도 걔네들이 다니는 학원보다 우리 공부방이 백 배는 더 좋아요!"

"우와! 정말 그렇게 생각하니? 선생님이 더 힘내야 되겠구나. 흐음, 그런 의미에서 정신에 대해서도 제대로 한번 이야기해 볼까?"

아이들은 '굳이 그러실 것까지야.' 하는 표정이었지만, 선생님이 너무 신나 보여서 막을 수가 없었다. 정말 정신이가 공부방에 오지 않았다면 이 많은 이야기들을 어떻게 참고 계셨을까?

"너희들 '고인 물이 썩는다.'라는 말 들어 본 적 있지? 이처럼 정신이 자신을 실현하려면 자신의 내부만 들여다봐서는 아무것도 얻을 수가 없어. 자신을 알기 위해서 정신은 자신의 외부에 있는 세계를 자신의 것으로 만드는 일을 해야 하는 것이지. 세계를 자신의 것으로 만들어 갈 때 정신이 알게 되는 최초의 일은 자신이 스스로 제시한 대상에 대해 불만족스럽게 생각하는 것이란다. 그렇다고 해서 그 대상을 사라지게 할 수는 없어. 왜냐하면 그랬다간 처음부터 다시 시작해야 할 테니까. 이것이 바로 정신이 자신을 생각하기 시작할 때 빠지는 딜레마란다. 이 경우가 아까 선생님이 얘기한 문제 상황이야."

"디, 딜레마? 그게 뭐예요?"

"딜레마의 예를 들어 볼게. 민태야, 만약에 숙제가 산더미 같은데 텔레비전에서 〈개구리 중사 케로로〉 특집 방송을 두 시간 동안 보여 준다고 하면 어떨 것 같니?"

"케로로? 우와, 신난다! 그게 언제예요?"

"아니, 실제로 그렇게 한다는 게 아니라 예를 든 거야. 녀석도 참."

"아, 알겠다. 그러면…… 음, 숙제는 많은데 〈개구리 중사 케로로〉를 한다면 숙제를……. 아냐, 케로로가 얼마나 재미

있는데. 그래도 숙제 안 해 가면 선생님이 혼내실 텐데. 그래도 케로로……."

민태는 정말 심각하게 고민했다. 그 모습에 선생님과 아이들은 웃지 않을 수 없었다. 단지 가정일 뿐인데도 그렇게 고민이 되는지.

"껄껄껄. 민태야, 지금 결정하기 무척 힘들지? 그게 바로 딜레마란다."

"네! 너무 어려워요! 어떻게 해야 할지 결정을 못 하겠는걸요."

"그래, 딜레마는 바로 어느 쪽도 버릴 수 없는 경우를 얘기한단다. 네가 숙제를 안 할 수도 없고, 그렇다고 케로로를 안 볼 수도 없는 것처럼 말이야. 정신이 바로 그렇단다. 자신을 알기 위해서는 바깥 세계를 받아들여야 하는데 그렇다고 해서 미리 '이게 정신이야.' 하고 정해 놓은 대상을 없애 버리고 처음부터 다시 시작할 수는 없잖아. 정신은 이런 딜레마를 해결해야겠지?"

해결? 선생님의 별명이 나오자 아이들은 키득키득 웃었다.

"흠흠, 내 입으로 내 별명을 말하니까 조금 이상하네. 내

가 자꾸 정신, 정신 그러니까 정신이도 이상하지? 오늘 정말 제대로 정신 공부를 하는구나, 하하하. 그래서 정신이 찾은 해결 방법은 대상으로서 자꾸 다른 자기의 의식을 만드는 거란다. 그리고 거울에 자기 모습을 비춰 보듯 서로 비교해 보는 거지. 그리고 마음에 들지 않으면 다시 다른 의식을 찾아 나서는 거야. 끊임없이 활동하는 거지. 결국 정신은 고립되고 갇혀서는 자신을 알 수 없어. 정신은 다른 의식 존재를 관찰하면서 자신의 원래 모습으로 전개되어 가는 거란다."

"우와, 어렵다! 무슨 말인지 하나도 모르겠어요!"

민태는 또 벌러덩 누워 버렸다. 고학년 아이들도 마찬가지로 모르겠다는 표정을 지었다.

"선생님이 좀 어렵게 얘기했지? 쉽게 얘기하면, 너희들 혼자 놀 때하고 여기 공부방에 와서 놀 때하고 어떤 게 더 좋니? 공부방이 더 좋지? 여기 오면 친구들도 사귀고, 자신도 모르게 생각이 커지는 것 같잖아. 친구들의 생각과 행동을 알게 되면서 나를 더 잘 알게 되는 것 같고 말이야. 이것은 마치 정신이 다른 사람을 통해서 자신의 다양한 모습을 접하면서 진짜 자신에게로 가게 되는 것과 같아. 그러니까 결국 정신이 자신을 안다는 것은 자신을 계속해서 변화시켜 가는 것이란다. 알겠니?"

"그러니까 중요한 것은 정신은 자꾸 변화한다는 거죠? 에이, 되게 간단하네. 그런데 왜 처음에는 어렵게 얘기하셨어요. 너무 어려워서 머리가 핑핑 돌 지경이라고요."

뒤로 누워 버렸던 민태도 '별거 아니네.' 하는 표정으로 어느새 일어나 앉았다. 그런데 옆에서 가만히 듣고 있던 정신이는 뭔가 궁금한 것이 있다는 표정이었다.

네 생각은 어때?

❶ 정신에 대해서 이야기하다가 해결 선생님이 '딜레마'라는 말을 합니다. '숙제'와 '케로로'의 예를 잘 읽어 보고 헤겔이 말하는 딜레마가 무엇인지 설명해 보세요. 그리고 자신이 겪은 딜레마가 있다면 한 가지 예를 들어 보세요.

❷ 해결 선생님은 정신이 자신을 실현하려 할 때도 딜레마가 발생한다고 하셨습니다. 해결 선생님의 이야기를 잘 읽고 정신이 자신을 실현하려 할 때 생기는 딜레마와 그것을 해결할 수 있는 방법에 대해서 한번 생각해 보고 소리 내어 말해 보세요.

▶풀이는 208쪽에

절대정신

"선생님!"

정신이가 해결 선생님을 부르자 아이들 시선이 정신이에게 쏠렸다. 첫날은 조용히 있어야 하는데 오늘 너무 튀는 거 아닌가 싶은 생각에 정신이는 조금 움츠러들었다.

"저……."

"정신아, 편하게 얘기하렴. 공부방은 학교도 학원도 아니란다."

"그래, 선생님 말씀이 맞아. 우리 눈치 보지 말고 얘기해. 같은 공부방 친구끼리 뭐 어때."

선생님과 친구들의 응원에 힘을 얻은 정신이가 말했다.

"그럼 정신이 계속 변화해 간다면 그 끝은 어디에요? 고여 있지 않고 흐르는 물도 결국엔 바다에 다다르잖아요. 정신도 계속 변화한다고 하지만 결국엔 어떤 곳에 이르지 않을까요?"

정신이의 질문에 선생님은 눈을 반짝이시더니 한 명씩 앞으로 불러내셨다.

"너희들 정신이의 질문을 이해했지? 그럼 우리 이번에는 함께 풀어 보자. 연극으로 말이야. 저기 진주 나오고, 요기 준희도 나와 봐."

극본이 없는 연극이라니 진주와 준희는 적잖이 당황했지만, 해결 선생님이 하시는 거니까 망설이지 않고 앞으로 나갔다.

"옳지, 너희 둘은 정신이야."

"네에? 정신이는 따로 있는데요?"

"아니, 정신이 말고, 정신."

"하하하."

아이들과 함께 정신이도 처음으로 자기 이름을 가지고 한 농담에 웃었다.

"무대 위에 등장한 두 정신이 있다고 상상해 봐. 자, 이제부터는 자기만의 정신이 아니라 다른 사람의 정신과도 비교하는 거야. 진주하고 준희는 각자 서로 다른 사람의 정신인 거야. 그런데 정신들끼리 서로 비교하면서 다투는 거지. 자기가 진짜 정신이라고 우기면서 말이야."

해결 선생님이 시키지도 않았는데 진주와 준희는 서로 싸우기 시작했다.

"야, 내가 진짜 정신이야."

"웃기지 마. 내가 진짜야."

서로 한 대씩 때리며 연기를 하다가 준희가 때린 주먹이 아팠는지 진주는 진짜 화가 나서 준희를 한 대 더 세게 쳤다. 그러니까 준희도 질세라 더 세게 진주를 때렸다.

"아야! 이거 장난이 아닌데!"

"너 이번엔 진짜 아팠어. 공격!"

"좋아, 덤벼!"

"얘들아, 좀 진정하고. 이건 연기야, 연기."

"하하하."

"여기 두 정신은 서로 자기가 더 나은 정신이라고 싸우는 거야. 자기가 진짜 정신이라고 말이야. 그렇지?"

여전히 발갛게 얼굴이 상기된 진주와 준희가 고개를 끄

덕였다.

"그럼 누가 진짜 정신일까?"

"목소리 큰 사람이요!"

민태가 잽싸게 대답하자 다들 까르르 웃었다. 사실 목소리 큰 걸로 따지면 진주를 따라갈 사람이 없었다.

"하하하. 그러면 진주가 진짜 정신이네?"

"에이, 그런 게 어디 있어요?"

준희가 제법 서운한 듯 얼른 대답했다.

"그렇지? 목소리 크다고 이기는 건 말이 안 돼. '그래, 네가 진짜야!' 하고 찬성해 주는 다른 정신이 있어야 되는 거지. 그러니까 이 둘은 서로 진짜 정신으로 인정받고 싶은 거란다. 이렇게 정신은 자신이 진짜 인간의 정신이라는 것을 알리기 위해 혼신의 힘을 다해 싸우게 된단다. 그런데 생각해 봐. 한참 싸우다 정말 그 상대가 죽어 없어진다면 어떻게 되겠어? 자신을 인정해 줄 상대방이 사라지는 것이지. 결국 자신에게도 손해가 되는 일이야. 결국 정신은 상대 정신과 싸우면서 상대의 좋은 점을 받아들이고 자신의 나쁜 점을 버리면서 점점 더 나은 정신으로 만들어 가는 거란다."

"아하! 알겠어요, 선생님!"

뭔가 깨달은 듯 큰 소리로 대답한 건 바로 정신이었다.

"그러니까 정신이 점점 더 좋아지겠네요? 정신이 발전하는 거죠?"

"그래, 맞아. 점점 더 나은 정신을 찾아가겠지. 헤겔은 말이야, 사람의 정신은 모든 것을 알 수 있는 단계까지 나아갈 수 있다고 했단다. 모든 것을 계획하고 그것을 실행시킬 수 있는 그런 힘을 가진 정신! 신에 가까운 정신 말이야. 정신은 발전하여 가장 완성된 정신이 될 수 있는 거란다. 그렇게 최고로 완성된 정신이 바로 '절대정신'이야."

"네에? 절대정신이요? 영화 속에 나오는 절대 반지 같아요! 되게 멋있는 말이다."

"짜잔, 나는 절대정신이다!"

"아니야! 내가 절대정신이야!"

아이들은 난리 법석인데, 선생님의 눈은 감겨 있었다. 절대정신을 가진 사람들이 사는 세상을 그리고 있는 것일까? 해결 선생님이 절대정신을 말할 때 엄청난 것을 발견한 것처럼 얼굴까지 붉게 상기된 정신이는 아직 공부방에 익숙하진 않았지만, 이 소란한 공부방에서는 왠지 마음을 열어도 될 것 같은 느낌이 들었다.

역사는 앞으로 나아간다

　신고식을 제대로 치른 정신이는 금세 아이들과 어울릴 수 있었다. 착한 아이 공부방 아이들은 절대 정신이의 이름을 가지고 놀리지 않았다. 정신이 중요한 것임을 알았기 때문이다.
　그런데 정신이가 처음 온 날, 정신에 대해 제대로 배운 이후로 공부방에는 새로운 유행이 돌기 시작했다. 그건 바로 연극이었다. 진주와 준희가 서로 진짜 정신이라고 다투는 장면을 연기한 후 공부방 아이들은 연극의 재미에 푹 빠져 버렸다. 처음엔 대본 없이 연극을 시작했는데, 시간이 흐르면서 제법 연기를 잘하게 되자 아이들은 더 수준 높은 연극을 해 보고 싶어 했다.

"선생니⋯⋯임. 선생니⋯⋯임."

아이들은 결국 해결 선생님을 쫓아다니며 진짜 연극을 할 수 있게 해 달라고 했다.

"저희도 제대로 된 진짜 연극 한번 해 보고 싶어요! 가르쳐 주세요!"

전과 달리 뭔가를 해 달라고 조르는 아이들을 보고 선생님은 깜짝 놀랐다. 공부방 아이들은 좀처럼 먼저 무엇인가를 하자고 조르지 않았기 때문이다. 아이들은 있으면 좋고 없으면 그뿐이라는 식의 체념하는 자세가 몸에 배어 있었다. 그런데 아이들이 졸라 대는 것이다. 그것도 연극을 하고 싶다고 말이다.

"연극? 원 너석들도. 그럼 어디 한빈 볼까? 흐음, 지금 내가 가지고 있는 책 중에는 셰익스피어의 『맥베스』밖에 없구나."

"셰익스피어요? 『로미오와 줄리엣』을 쓴 사람이잖아요!"

"그래, 맞아. 『로미오와 줄리엣』도 유명한 작품이지. 그런데 셰익스피어의 4대 비극이라고 해서 『햄릿』『맥베스』『오셀로』『리어 왕』이 있단다. 『맥베스』는 그중 하나야."

"비극? 비극이면 슬픈 연극이란 뜻인가요?"

아이들은 하나둘 가까이 다가와 선생님이 들고 계신 책을 들여다보았다. 정신이는 엄마가 살아 계실 때 들려준 『햄릿』이 어렴풋이 기억나는 듯했다.

"아, 사느냐 죽느냐 이것이 문제로다!"

스스럼없이 연극 대사를 읊는 정신이의 모습이 너무도 자연스러워 보였다. 공부방 밖에서는 상상도 하지 못할 일일 텐데…….

"그거 『햄릿』의 한 장면이지? 『햄릿』을 연극으로 해 보면 좋을 텐데. 멋진 장면도 많고 말이야. 선생님, 『맥베스』는 어떤 극이에요? 『맥베스』에도 멋진 장면이 많나요?"

준희는 햄릿처럼 멋있는 역을 해 보고 싶은지 물었다.

"너희들이 생각하는 그런 멋진 장면은……. 글쎄다. 『맥베스』는 매우 슬픈 경험을 하게 되는 왕 이야기란다. 그는 사람들이 사는 것이 아무런 의미가 없고, 사람들이 살면서 만들어 가는 일들도 아무런 가치가 없다고 생각한 인물이야. 지구 위에서 일어나는 일들은 다만 소음뿐이고, 화나고, 쓸데없는 일이 반복되는 것이라고 생각했단다. 무한한 우주에 비교하면 인간이 만드는 역사란 정말 작은 조각에 불과하고 우연한 것일 뿐이라고 생각한 거지. 아, 그렇지! 선생님이 보기엔 말이다.『맥베스』는 너희들이 하기엔 너무 심각한 내용인 것 같구나. 다음에 재미있는 연극을 한번 구해 보마. 대신 오늘은 말이 나온 김에 역사와 우연에 대해서 배워 보는 게 어떻겠니?"

아이들은 자못 실망한 표정이었지만, 해결 선생님은 한번 약속하신 건 꼭 지키시는 분이니까 좋다고 했다.

"흐음, 그럼 오늘은 역사에 대해 제대로 한번 얘기해 볼까? 준희야, 넌 역사를 어떻게 생각하니? 맥베스 왕이 생각한 것처럼 역사란 정말 아무런 의미 없이 바람 부는 곳으로 우연히 흘러가는 것일까?"

"와! 어려운 질문이다."

준희는 기가 질렸는지 더 이상 말을 하지 못했다. 그런데 오히려 막내 민태가 배시시 웃으면서 대답했다.

"에이, 그게 뭐예요! 역사가 무슨 태극기인가요? 바람에 휘날리게? 말도 안 돼요!"

"하하하. 우리 꼬맹이 민태가 제대로 알았네. 역사는 바람에 휘날려서 그냥저냥 흘러가는 게 아니란다. 정신이 절대 정신을 향해 나아가듯이 역사도 목표를 향해 나아간단다."

역사는 무슨 목표가 있을까? 많은 사람들이 후대에까지 이름을 남기는 것? 아니면 전쟁 없이 모두가 평화로운 세상을 만드는 것? 아이들의 머릿속은 이런 생각들로 가득 찼다.

"헤겔은 '세계의 역사는 자유에 대한 생각을 점점 발전시켜 가는 것'이라고 했단다. 정말 놀라운 생각이지. 매우 멋진 말이지 않니? 헤겔이 과거에서부터 현재까지 역사를 살펴봤더니 인간은 점점 더 많은 자유를 누리게 되었더라는 거지."

"그렇구나. 하긴 제 경우를 봐도 어렸을 때보다 지금이 더 자유로운 것 같아요. 물론 어른이 되면 지금보다 더 자유롭겠지요? 또 조선 시대보다는 지금이 더 자유로운 것 같고요. 그럼 헤겔의 말은 역사는 앞으로 나아가고 그 목표는 자유라는 거죠?"

"그래. 헤겔의 이러한 생각은 당시 실러의 세계관에서 많은 영향을 받았단다. 실러는 『빌헬름 텔』을 쓴 사람이야. 실러는 사람이 어떤 역사를 갖느냐에 따라서 사람됨이 달라진다고 주장했어. 헤겔은 그 생각이 옳다고 보았단다. 그래서 헤겔은 역사를 변화와 발전 그리고 목적이라는 개념으로 설명했어. 모든 역사는 끊임없이 변화하고 있단다. 단순히 변화만 하는 게 아니라, 역사는 이전 역사보다 더 나은 역사로 나아가고 있지. 역사는 과거의 역사보다 더 발전하는 거야. 그래서 변화와 발전이 역사를 움직이고 있다고 말할 수 있어. 동서양의 모든 역사는 변화와 발전이라는 틀을 벗어날 수 없는 거지. 이런 변화와 발전은 결국 일정한 방향을 향해 나아가는데, 그 방향이 인간의 완전한 자유라는 거야. 어때, 이해가 되니?"

해결 선생님은 자신만만한 표정으로 아이들을 쳐다보았지만, 아이들은 하나도 못 알아듣겠다는 표정이었다. 난처해진 선생님은 어쩌지, 어쩌지 하시다가 뭔가를 결심한 듯 민태가 쓰던 스케치북을 펼쳐 그림을 그리셨다.

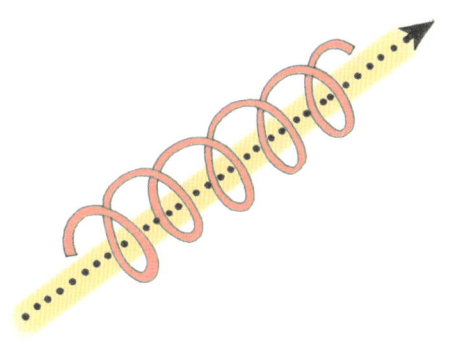

"자, 보렴. 이게 바로 헤겔이 생각한 역사의 진보란다. 화살표 방향이 역사의 진보 방향이야. 이 그림은 세상에서 많은 일들이 일어나고 있지만, 결국 역사는 진보하는 방향으로 나아가고 있다는 것을 뜻한단다."

"선생님! 그런데 정말 역사가 좋은 방향으로 나아가나요? 그럼 역사는 하루하루가 모여서 만들어지는 거니까 어제보단 오늘이, 오늘보단 내일이 더 좋아지겠네요?"

정신이는 헤겔의 말이 굉장히 희망적으로 들렸다. 오늘보다는 내일이 더 낫다는 뜻이니까 말이다.

"음, 그렇게 생각할 수도 있는데, 사실 헤겔이 말한 역사의 진보는 그런 뜻은 아니란다. 그림을 보렴. 일직선으로 올라가는 게 아니지 않니? 나선형으로 올라가고 내려오고를 반복하고 있어. 이건 어제보다 오늘이 더 좋아진다는 의미는 아니라는 걸 알려 주지. 오늘은 어제보다 더 나쁜 역사일 수도 있어. 그렇지만 결국 역사는 좋은 방향으로 나아가고 있다는 것을 가리켜. 어떠니, 그래도 희망적이지?"

"그런 것 같아요. 역사가 태극기처럼 바람 부는 데로 흘러간다는 것보다 훨씬 좋아요!"

"어린 친구들, 오늘도 역사는 계속된다네."

준희는 못내 아쉬웠던 『햄릿』의 한 장면처럼 멋있게 한 마디를 남겼다.

해결 선생님의 얘기를 모두 이해할 수는 없었지만, 역사는 앞으로 나아가고, 착한 아이 공부방도 좋은 방향으로 나아가고 있다는 믿음이 새록새록 솟았다.

네 생각은 어때?

❶ 헤겔은 '세계의 역사는 자유에 대한 생각을 점점 발전시켜 가는 것'이라고 생각했습니다. 77쪽 그림은 이러한 헤겔의 역사적 진보를 이해하기 쉽게 표현한 것입니다. 이 그림을 참고로 역사적 진보에 대해 설명해 보세요.

❷ 헤겔이 역사를 자유의 확대 과정이라고 생각한 것처럼, 인간 자유가 확대된 것에는 어떤 것이 있는지 생각해 보세요.

▶풀이는 209쪽에

철학자의 생각

역사는 완전한
자유를 향해 진보한다

역사는 자유에 대한 생각을 점점 발전시켜 가는 과정

헤겔이 살던 당시의 사람들은 역사에 대해 크게 두 가지 생각을 가지고 있었습니다. 그 하나는 역사에 대해 아주 비관적으로 생각했다는 것, 다른 하나는 세상을 창조한 신이 역사를 이끌어 간다는 생각이었습니다.

헤겔은 이 두 가지를 비판적으로 반성한 결과 '세계의 역사는 자유에 대한 생각을 점점 발전시켜 가는 것'이라는 생각을 갖게 되었습니다. 과거부터 현재까지 역사가 만들어지면서 인간은 점점 더 많은 자유를 누리게 되었다고 생각한 것입니다.

헤겔에 따르면, 역사는 완전한 자유를 향해 끊임없이 진행하고 있습니다. 곧 많은 사람이 이 땅 위에 자유를 실현시켜 나가는 것이 역사의 목적이 되는 것입니다. 이 생각은 당시 『빌헬름 텔』을 쓴 작가 실러의 세계관에서 영향을 받은 것으로, 실러는 사람이 어떤 역사를 갖는가에 따라서 사람됨이 달라진다는 주장을 했습니다.

그러나 헤겔보다 앞선 철학자 칸트는 역사와 상관없이 사람에 대해 자세히 생각한다면 사람이 무엇인지 깨달을 수 있다고 했습니다. 헤겔은 칸트의 이러한 인식은 현실에서 너무 멀리 떨어진 것이라고 생각했습니다.

역사는 완성되지 않고 끊임없이 진보한다

헤겔은 역사를 변화와 발전 그리고 목적이라는 개념으로 설명했습니다. 모든 역사는 끊임없이 변화하고 그전의 역사보다 나은 역사로 나아가며 발전한다는 것입니다. 그래서 변화와 발전이 역사를 움직이며, 이러한 변화와 발전은 결국 일정한 목적을 향해 나아가는데, 그 목적이 인간의 완전한 자유라는 것입니다.

결국 헤겔의 역사에 대한 생각은 '세계의 역사는 변화와 발전을 통해 자유에 대한 생각을 점점 더 진보시켜 나간다.'라고 요약됩니다. 헤겔의 이야기대로라면 우리가 살고 있는 지금도 역사는 완성되지 않고 진보라는 방향으로 계속 발전되어 가고 있는 중입니다.

즐거운 독서 퀴즈

1 다음 글은 헤겔의 역사관을 나타낸 글이에요. (　)에 들어갈 적당한 말은 무엇일까요?

> 모든 역사는 끊임없이 변화하며 발전한다. 역사의 변화와 발전은 결국 일정한 목적을 향해 나아가는데, 그 목적은 인간의 완전한 (　　　)이다. 우리가 살고 있는 지금도 역사는 완성되지 않고 (　　　)의 방향으로 계속 발전하고 있다.

❶ 이성-문명　❷ 자유-발전　❸ 이상-진리　❹ 자유-진보

정답

❹ 자유 - 진보

2 헤겔의 생각을 잘 표현한 문장에 ○ 표시를, 헤겔의 생각과 다른 문장에 × 표시를 해 보세요.

❶ 역사는 완전한 자유를 향해 끊임없이 진행한다. (   )

❷ 역사는 통치자의 자유를 위해 끊임없이 진행한다. (   )

❸ 역사는 진보하기도 하지만 끝내 퇴보한다. (   )

❹ 오늘은 어제보다 더 나쁜 역사일 수도 있지만 결국 진보한다.
(   )

❺ 역사가 만들어지면서 인간은 점점 더 많은 자유를 누리게 되었다.
(   )

정답
❺ ○
❹ ○ ❸ ×
❷ × ❶ ○

참다운 교양이란 얼마만한 결심으로
자기를 멸시할 수 있느냐에 달렸다.
조그만 자아를 버리지 못하는 한 참다운
교양인이라고 할 수 없다.

-헤겔

3

모순을 넘어서

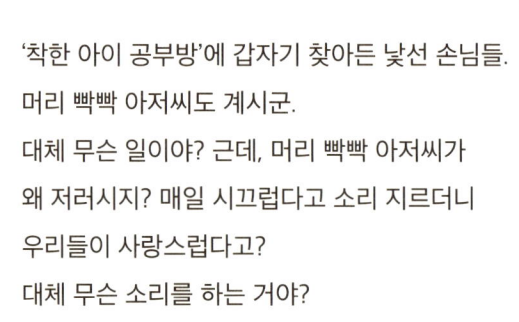

'착한 아이 공부방'에 갑자기 찾아든 낯선 손님들.
머리 빡빡 아저씨도 계시군.
대체 무슨 일이야? 근데, 머리 빡빡 아저씨가
왜 저러시지? 매일 시끄럽다고 소리 지르더니
우리들이 사랑스럽다고?
대체 무슨 소리를 하는 거야?

놀이 천재들과
머리 빡빡 아저씨

해결 선생님을 만난 이후로 정신이 얼굴이 아주 밝아졌다. 정신이뿐만 아니라 아이들 모두를 엄마처럼 꼼꼼하게 챙겨 주시는 해결 선생님을 좋아했다. 어려운 분수 문제도 피자를 먹으면서 설명해 주시는 해결 선생님 덕분에 정신이는 포기해 버렸던 분수에 흥미가 생겼다.

"자, 우리가 피자 한 판 시켰지."

선생님은 손가락 하나를 펴고 한 판을 강조했다.

"이 피자를 열 조각으로 나누자."

되도록이면 똑같은 크기로 자르려고 선생님은 무척 애를 썼다. 혹시라도 자기 몫이 작으면 아이들은 가만히 있질 않았다.

"선생님, 민태 몫이 더 커요."

"선생님, 왜 쟤 것만 더 커요?"

아이들은 먹는 거라면 양보하지 않았다. 한 개라도 더 먹거나 덜 먹거나 하면 반드시 시끄러워졌다. 집에 혼자 있을 때면 몰라도 함께 있는 곳에서는 땅콩 한 알도 경쟁 대상이었다.

해결 선생님은 익숙한 솜씨로 정확하게 열 조각을 냈다. 원래 배달 왔을 때는 여덟 조각이었는데, 다섯 명이 똑같이 먹을 수 없기 때문에 다시 열 조각으로 만들어야 했다.

아이들은 똑같이 나눈 피자를 보고 안심했다.

"자, 우리 정신이, 똑순이 진주, 까불이 준희, 다람쥐 민태, 그리고 나."

다섯 사람은 각자 피자 두 조각씩을 접시에 받아 들었다.

"우리가 나눈 피자는 몇 조각 중에 몇 조각일까?"

막내 민태가 일어나 피자를 세었다. 민태는 이번에 초등학교 1학년이 되었지만 아직 한글도 다 못 깨치고, 숫자도 정확히 세지 못했다. 민태는 두 형과 아빠와 같이 살고 있었는데 늘 거칠게 대하는 아빠와 형들의 모습을 흉내 내면서 자주 난폭하게 굴었다. 늦은 시간에 동네 여기저기를 혼자 돌아다니는 것을 본 식당 아줌마가 공부방에 소개해 주었다고 한다.

"……일곱, 아홉."

중간에 여덟을 빼고 세는 것을 옆에 있던 똑순이 진주가 날카롭게 지적해 주었다.

"여덟이지, 바보야!"

"내가 왜 바보야!"

민태는 바보라는 소리를 듣기 싫어했다.

"맞아, 왜 우리 민태가 바보야! 천재지. 우리 천재 민태야, 선생님이랑 같이 세어 볼까?"

선생님은 항상 이런 식으로 아이들의 기분을 달래서 풀이 주곤 했다. 바보라는 소리에 흥분했던 민대는 친재라는 말에 흐뭇함을 감추지 못하고 선생님을 따라 숫자를 세기 시작했다.

"선생님, 열 조각 중에…… 두 조각이요."

"그래 맞아. 이것을 다른 말로 10분의 2라고 해."

"선생님, 언제 먹어요? 배고파요."

까불이 준희가 더 이상 못 참겠다는 듯 이미 입술 가까이 피자를 대고 있었다.

"그래, 어서 먹자."

"잘 먹겠습니다!"

다음 날 선생님은 두꺼운 종이에 피자 모양이 그려진 육각형을 여러 개 만들어 왔다. 그리고 그 육각형을 여러 조각으로 나누어 한 바구니에 가득 담았다. 조각들을 맞춰서 피자 한 판 만들기를 하려는 것이었다.

"피자 한 판을 만들되 세 조각으로 만들어 봐."

아이들은 재빨리 세 개의 조각을 찾아 맞추었다. 이런 식으로 몇 차례 만들었다 떼고, 다시 만들었다 떼고를 반복하면서 아이들은 자연스럽게 어려워했던 분수의 덧셈, 뺄셈까지 할 수 있게 되었다. 1학년 민태는 분수의 덧셈, 뺄셈까지는 따라 하지 못했지만 조각들로 여러 가지 멋진 모양을 만들었다.

"와, 우리 천재 민태가 만든 이것은 뭘까?"

"상어요."

"진짜 멋진 상어구나!"

큰 아이들은 분수를, 분수가 아직 어려운 민태는 조각 맞추기를 할 수 있도록 선생님께서 도와주었다.

착한 아이 공부방에 와서 아이들은 한 번도 공부하라는 말을 듣지 않았지만 조금씩 공부에 자신감을 갖기 시작했다. 아이들이 공부는 싫어하지만 게임과 놀이에는 누구에게도 뒤지기 싫어한다는 것을 아는 해결 선생님 덕분이었다. 어디에서 나오는지 해결 선생님의 머릿속에서는 아이들을 위한 아이디어가 끝없이 계속 쏟아져 나왔다.

물론 아이들이 착한 아이 공부방에 오는 것을 좋아하고 밝아졌다고 해서 순종적이고 얌전한 아이로 바뀌었다는 것은 아니다. 아이들은 여전히 올라갈 수 있는 곳이면 어디든 타고 올라가고, 미끄러져 내려올 수 있는 곳이면 반드시 엉덩이를 뒤로 빼고 내려오는 것을 좋아했다. 아이들은 다른 것은 몰라도 노는 것에는 기술자들이었다. 그러다 보니 아이늘이 만들어 내는 소리와 움직임은 주변 어른들에게 매우 거슬렸다.

착한 아이 공부방 아이들을 유난히 싫어하는 어른들도 있었다. 예를 들면 세 들어 사는 사람들이 건물을 깨끗하게 쓰고 있는지 수시로 감시하는 주인집 아저씨, 청결과 정리 정돈을 위해 태어난 사람처럼 늘 쓸고 닦는 주인집 아줌마, 그리고 죽은 듯이 조용히 살고 싶어 하는 동네 사람들. 이들은 모두 공부방 아이들만 보면 갖은 인상을 쓰며 걱정스럽게 쳐다보았다. '너희들을 어쩌면 좋겠니?' 하는 표정으로 말이다. 사실 그 표정이 공부방 아이들도 몹시 부담스러워서 되도록이면 동네 어른들과 마주치지 않으려고 하지만 한동네에 살다 보니 맞닥뜨리게 되는 날이 더 많았다.

"엄마 없는 애들은 어쩔 수 없다니까!"

"우리 애들이 저 아이들 따라 할까 봐 걱정이에요. 지저분하고 시끄럽고 교양도 없고……."

그런 말들을 너무 많이 듣다 보니 아이들은 웬만한 말로는 움찔하거나 기죽지 않았다. 어른들은 모두 그러려니 했다. 그러나 아이들 의지와는 상관없이 그런 말들은 상처가 되어 마음속에 차곡차곡 쌓여 갔다.

그렇게 함부로 말하는 어른들 가운데 아이들이 정말 피하고 싶어 하는 아저씨가 있었다. 아이들은 그 아저씨를 '머리 빡빡'이라고 불렀다.

똑순이 진주가 예전에 재미있다며 입에 달고 다니면서 외우던 시가 있었다.

　　　우리 아기 까까중

머리 빡빡 까까중
산에 산에 눈 왔다
들에 들에 눈 왔다
우리 아기 까까중
머리 빡빡 춥겠다

어느 날 앞집 아저씨가 호통치며 아이들을 쫓을 때 진주 입에서 "머리 빡빡이다, 도망가!"라는 말이 튀어나왔는데, 그때부터 앞집 아저씨는 '머리 빡빡'으로 불렸다.

공부방 아이들은 하나의 놀이가 결정되면 그것을 위해 재빠르게 움직였다. 교실 바닥에서 주운 분필로는 골목길 바닥에 게임 판을 그렸다. 그러고는 편을 먹고 게임을 시작했다. 어느 누구도 허리를 굽혀 바닥에 게임 판을 그리는 수고를 마다하지 않았다. '앉았다 일어섰다 가위바위보'로 편을 짜는데, 그렇게 짜인 편은 싫든 좋든 아무도 트집을 잡지 않았다.

편을 갈라 하는 게임이다 보니 소리가 좀 커질 수도 있고, 좀 더 집중하다 보면 싸움 직전까지 갈 수도 있다. 그러니 한창 노는 아이들 목소리로 동네가 좀 시끄럽긴 했다.

그러나 아직 게임을 시작하지도 않았는데 머리 빡빡 아저씨가 "저리 가서 놀아. 이 녀석들아 시끄러워!" 할 때는 아이들도 당황하곤 했다. 아저씨가 문 앞에 서서 귀를 쫑긋 세우고 아이들이 나오나 안 나오나 지키며 서 있었던 게 분명하다. 그렇지 않고서야 어떻게 그렇게 빨리 나타나실 수 있을까?

그런 생각이 들면 아이들도 지지 않고 아저씨에게 따지고 싶었다.

'이 골목이 아저씨 거예요?'

'저리 가라고 소리치는 아저씨 목소리가 더 시끄러워요!'

'아저씨가 게임 판 한번 그려 보세요. 얼마나 힘들게 그렸는데……'

그러나 아이들은 말하지 않았다. 그냥 게임을 계속할 뿐이었다.

그러다 아저씨가 문 밖까지 나와서 "이놈의 새끼들!" 하고 으름장을 놓으며 몽둥이 비슷한 것을 들고 쫓아오면 몇 초도 안 되어 아이들은 여기저기로 잽싸게 숨어 버리곤 했다. 이런 실랑이가 골목길에서 노는 날에는 종종 벌어졌다.

그러던 어느 날, 아이들이 골목길로 나가지 않고 공부방

마당에서 놀고 있을 때였다. 머리 빡빡 아저씨가 갑자기 아이들이 노는 마당으로 들어섰다. 아이들은 본능적으로 아저씨를 보는 순간 여기저기로 숨었다. 아무 잘못도 하지 않았지만 가끔 아이들은 과잉 반응을 보일 때가 있다.

"얘들아, 잠깐 나와 보거라. 내가 너희들을 혼내려고 온 게 아니야."

자신을 보자 황급히 숨는 아이들을 보고 아저씨는 약간 당황했다. 그리고 그동안 자신이 아이들에게 어떻게 했기에 이 정도일까, 하는 생각도 했다. 그러나 그것도 잠깐이었다.

"너희들 저번에 보니까 담도 잘 넘어 다니던데."

아이들은 자신들을 위협하려는 게 아닌 걸 알았지만 숨어 있는 게 재미있어서 계속 숨죽이고 있었.

아저씨는 다들 숨어 있는 곳을 대충 알았기 때문에 아이들이 다 듣고 있을 거라고 짐작했다.

"너희들, 저기 좀 넘어가 줄 수 있겠니?"

그 말에 아이들이 한 명 한 명씩 나왔다. 넘어가는 것에는 자신이 있는 아이들이었다.

"어디요?"

평소와 다른 아저씨 목소리가 아이들에게는 이상하게

들렸다.

"미안한데, 아저씨가 깜빡하고 집에다 열쇠를 놓고 나왔지 뭐냐. 너희들 저번에 보니까 담도 잘 넘어 다니는 것 같더라."

사실 담 넘는 일이 혼날 일이지 이렇게 부드럽게 이야기할 일이 아니라는 것을 아는 아이들은 아저씨가 더욱 이상하게 느껴졌다.

"좀 넘어가서 열어 줄 수 있겠니?"

"아저씨 쉬워요. 그냥 넘어가면 돼요."

별로 어려운 일이 아니라는 듯이 재빠른 준희가 넘어가서 문을 열어 주었다. 아저씨는 재빠른 준희의 몸놀림에 감탄하는 듯했다.

그러나 대문이 열려 집에 들어갈 수 있게 되자 아저씨 목소리가 싹 변했다.

"너희들 혹시 다음에 내 허락 없이 이 담 넘어오면 알지? 아주 혼날 줄 알아!"

'치, 넘어가라고 할 때는 언제고.'

도움을 주고도 혼나는 이상한 일을 겪은 아이들 표정이 일그러졌다. 아이들은 아저씨 말을 못 들은 체하고 공부방으로 돌아왔다.

"하여간 버르장머리 없기는. 어른 이야기가 다 끝나지도 않았는데."

다행히 그 말을 아이들은 듣지 못했다.

어떤 모습이 진짜예요?

얼마 후 착한 아이 공부방은 잔치가 벌어진 것처럼 북적였다. 동요가 흘러나오고 처음 보는 잘 차려 입은 아저씨와 아줌마 들도 여럿 있었다. 어디에서 왔는지 예쁜 선생님들이 공부방과 마당을 풍선으로 예쁘게 꾸미고 있었다. 아이들이 좋아하는 김밥, 통닭, 떡볶이, 핫도그 등도 보기 좋게 잔뜩 차려져 있었다.

대문을 들어서던 아이들은 처음 보는 광경에 눈이 휘둥그레졌다.

'아니, 이게 뭔 일이지?'

아이들은 잠시 어리둥절해하다가 마당에 잘 차려진 음

식들에 눈길을 쏘옥 빼앗기고는 해결 선생님 손에 이끌려서 방으로 들어갔다. 아이들이 다 모이자 선생님은 오늘 일에 대해 설명해 주었다. 오늘 이 지역의 높은 분들이 공부방 아이들을 보러 오게 되어서 이렇게 음식도 장만하고, 풍선으로 예쁘게 꾸미는 거라고 했다.

"얘들아, 오늘은 평소보다 좀 더 얌전하게 있어야 할 거야."

"선생님, 밖에 있는 통닭은 언제 먹어요?"

막내 민태가 다들 가장 궁금해하는 것을 물었다.

"아마 식이 다 끝나야 할 거야."

"무슨 식이요?"

"음, 어른들이 하는 거니까 별 신경은 쓰지 않아도 돼."

선생님은 이번 행사가 별로 내키지 않은 것 같았다.

"너희들은 이 방에 있거라. 행사가 끝날 때까지만. 끝나면 맛있는 것 많이 줄게."

아이들은 방 안에 있는 것이 갑갑하고 밖에서 무슨 일이 일어나고 있는지도 참 궁금했다. 그러나 선생님의 당부가 있었기 때문에 참고 있었다.

"우리는 이 지역의 가난하고 소외된 아이들을 돌봐야 할 책임이 있습니다. 저를 이 지역을 위해 일하라고 뽑아 주셨는데 그동안 제가 많은 일을 하지 못했습니다. 내년에 한 번 더 기회를 주신다면 이 지역사회의 발전을 위해 최선을 다할 것을 여러분 앞에 굳게 약속드리겠습니다!"

짝짝짝.

박수 소리가 들리고 여기저기서 사진기 셔터를 눌러 댔다.

아이들은 창문으로 이 광경을 지켜보고 있었다. 밖에서 무슨 일이 일어나고 있는지 자세히 알 수 없었지만 처음 보는 광경이라 호기심이 발동하지 않을 수 없었다. 한 사람이 이야기를 하고 들어가면 다른 사람이 나와서 이야기하고, 그 사람의 이야기가 끝나면 또 다른 사람이 나오고, 비슷하게 계속 이어지자 아이들은 점점 흥미를 잃었다.

"마지막으로 주민 한 분이 나오셔서 우리 지역 작은 아이 공부방에 대한 견해를 말씀해 주시겠습니다."

"야! 앞집 머리 빡빡 아저씨 나왔어."

"헉, 진짜네! 저 아저씨가 여기 왜 온 거지?"

"그거야 나도 알 수 없지!"

아이들은 머리 빡빡 아저씨가 행사에 참석한 것이 신기했다. 왜 나왔는지도 너무너무 궁금했다. 선생님은 창문을 열지 말라고 하셨지만 아이들은 조심스럽게 창문을 열고 아저씨가 하는 행동과 말을 가만히 지켜보았다.

"에, 이 지역을 대표해서 이렇게 좋은 자리에 초대받게 되어 영광스럽게 생각합니다. 많은 분들이 앞서 참 좋은 말씀을 많이 해 주셔서 참 많은 감동을 받았습니다. 에, 저는 주민의 한 사람으로서 착한 아이 공부방이 우리 지역에 있는 것에 대해 참으로 자랑스럽게 생각하는 바입니다. 이 어려운 시대에 갈 곳 없는 아이들을 품어 안고 가족처럼 따뜻하게 보살펴 주는 이 공부방이야말로 진정 필요한 곳이라 생각합니다. 에, 저도 어려서부터……"

아저씨는 말할 때마다 '에'라는 소리를 냈다. 아이들은 또 장난기가 발동해 아저씨 말투를 흉내 냈다.

"에, 에."

아저씨의 말은 계속 이어졌다.

"저도 어려서 일찍 부모님을 여의고 동생 셋을 제 손으로 다 키워 냈습니다. 참으로 힘들고 어려운 시절이었습니다. 겨울에 얼음을 깨서 밥을 지어 먹었고 10리나 떨어진 곳에서 나무를 해다 불을 떼기도 했던 그 시절……"

아저씨의 말이 너무 길어진다 싶으니까 사회자가 쪽지

에 뭔가를 적어 아저씨 앞에 갖다 주었다.

'시간 관계상 짧게 끝내 주세요.'

그러나 아저씨는 할 말을 다 해야겠다는 굳은 표정으로 이야기를 계속했다.

"그런 어려움 속에서 살아야 했던 저는, 그래서 누구보다 어려운 사람들의 형편을 더 이해하고 그 사람들을 돕지 않으면 안 된다는 굳은 사명을 가지고 있습니다. 에, 우리 공부방 아이들, 얼마나 귀엽고 사랑스럽습니까? 이 아이들이 우리 지역에서 밝게 살아갈 수 있도록 더 힘써야겠습니다. 그리고 지역 사람들은 적극적으로 아이들을 도와야 합니다."

"아니, 저 아저씨 우리한테 매번 시끄럽다고 소리칠 때는 언제고?"

"근데 아저씨도 원래는 착한 사람 아닐까?"

"맞아, 아까 눈물도 흘리는 것 같던데."

아이들의 마음에는 엇갈린 생각들이 떠올랐지만 아이들은 단순했다. 그동안 나쁜 사람이라고만 여겼던 아저씨를 착한 사람으로 보아 줄 수 있다는 생각도 했다. 그리고 그런 착한 사람을 '머리 빡빡'이라고 놀렸던 것도 조금 후회하고 있었다.

한참 후에야 아이들은 마당에 나가 잘 차려 입은 어른들과 사진을 찍고 음식을 먹을 수 있었다.

"와, 맛있는 것 얻어먹기 진짜 힘드네."

까불이 준희가 음식을 한껏 입에 물고 말했다.

"그래도 맛있긴 맛있다."

막내 민태가 좋아하는 통닭과 떡볶이를 두 손에 나누어 쥐고 자기가 좋아하는 음식을 맘껏 먹을 수 있다는 것에 마냥 즐거워했다.

앞집 아저씨는 행사가 끝나고 아이들과 눈이 마주치자 많은 사람들 틈에 있다가 슬쩍 대문을 통해 나갔다. 오늘은 아이들이 아저씨를 보고 숨는 것이 아니라 아저씨가 아이들을 보고 숨는 그런 날이었다.

모순 덩어리

"야, 저리들 가서 놀라고 했지! 몇 번을 말해야 알아들어!"

얼마 동안은 골목에서 노는 것이 자유로웠다. 아이들이 아무리 시끄럽게 해도 앞집 아저씨는 나오지 않았다. 그래서 아이들은 이제 아저씨를 더 이상 머리 빡빡 아저씨라고 부르지 않기로 마음을 굳히고 있었다.

그러나 아저씨는 다시 아이들을 향해 소리쳤다. 따갑게 쏘아 대는 아저씨의 목소리에 아이들은 골목에서 놀기는 다 틀렸다고 생각했다. 그리고 투덜거리며 공부방으로 들어갔다.

"선생님, 앞집 아저씨는 정말 이상해요. 이랬다저랬다 두 얼굴을 가진 아저씨예요."

"아니, 그게 무슨 말이니?"

똑순이 진주가 선생님께 설명했다.

"저번에 맛있는 걸 많이 먹던 날 있잖아요. 그때 선생님이 우리보고 창문 열지 말라고 했지만요, 우리는 다 봤거든요. 그때 앞집 아저씨가 뭐 우리를 사랑한다, 어쩐다 했잖아요. 그래서 우리는 아저씨 말을 믿었거든요."

까불이 준희도 거들었다.

"맞아요. 그래서 우리가 머리 빡빡 아저씨라고 놀렸던 게 미안해서 그렇게 안 부르려고 했는데요, 오늘 보니까 또 우리가 놀지도 못하게 하고, 아저씨는 나빠요."

똑순이 진주가 이렇게 마무리를 했다.

"맞아요. 이랬다저랬다, 아저씨는 모순 덩어리예요."

"그랬구나! 선생님은 너희들이 본 줄은 정말 몰랐는데. 그런데 진주야 모순이 뭔 줄은 아니?"

"이랬다저랬다 하면서 마음을 바꾸는 것 아니에요?"

"그 말이 맞을 수도 있고 틀릴 수도 있어."

"……"

"선생님이 볼 땐 아저씨 마음에서 두 마음이 싸우고 있는 것 같아."

"……."

"잘 들어 봐. 우리 주변에는 뜨거운 것과 차가운 것, 가득 찬 것과 텅 빈 것, 뚱뚱한 것과 홀쭉한 것 등이 있어. 그렇지?"

"그런데 모두 반대말이네요."

민태가 학교에서 배운 반대말이 생각났는지 아는 체를 했다.

"그래, 맞아. 반대야. 좀 어려운 말로 두 개가 서로 대립되었다고 하지."

선생님은 차를 마시기 위해 끓여 두었던 물을 한 잔 가득 부었다.

"여기에 뜨거운 물 한 잔이 있어. 이 물이 언제까지나 뜨

겹지는 않겠지. 그러나 또 갑자기 차가워지는 것도 아니잖아. 이렇게 계속 놔두면 어떻게 될까?"

"좀 있다 식어서 차가워져요."

또 막내 민태가 대답했다.

"그래. 뜨겁게 있으려는 쪽과 차가워지려는 쪽이 싸우다가 결국 식게 되면 차가운 물이 되겠지."

몇 번 대답은 열심히 했지만 막내 민태는 벌써 흥미를 잃은 것 같았다. 그러나 똑순이 진주와 정신이 그리고 까불이 준희의 눈은 더 반짝였다.

"물로 예를 들었지만 우리가 알고 있는 모든 사물은 서로 대립되어 있단다. 어제 새로 산 우리 전기밥솥 있잖아."

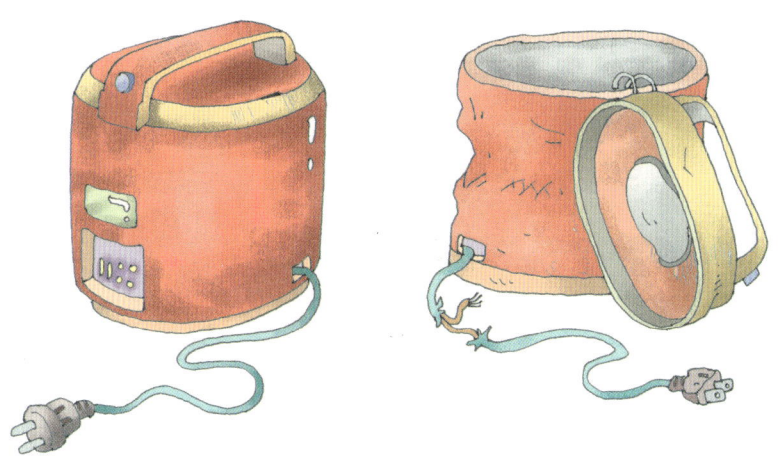

"아! 그 빨간색 밥솥이요?"

"그래. 그것을 지금은 새것이라고 할 수 있지만 언제까지나 새것이라고 할 수 있을까? 그 밥솥도 헌것이 되겠지. 그 밥솥도 새것으로 있으려는 것과 헌것으로 되어 가는 것이 서로 싸운다고 할 수 있어."

뭔가를 좀 알겠다는 듯 똑순이 진주가 고개를 끄덕였다. 막내 민태는 이미 해결 선생님의 말에는 흥미를 잃고 한쪽으로 조용히 가서 장난감을 가지고 놀고 있었다.

"이런 대립은 사물에서만 나타나는 게 아니라 사회 현상에서도, 그리고 사람의 마음에서도 나타난단다. 프랑스혁명이 일어난 18세기 말과 새로운 사회를 만들려고 했던 19세기 초에 그랬단다. 혁명을 일으키려는 새로운 세력과 기존의 제도를 유지하려는 세력들이 서로 싸웠어. 피까지 흘리는 싸움이었지. 그 대립의 정도가 매우 심한 혁명 초기에는 '단두대'에서 수많은 사람이 처형을 당하기도 했어. 그러나 그 싸움이 언제까지나 계속된 것은 아니고 차차 안정을 찾아 갔지."

까불이 준희가 역사 이야기가 나오자 가장 관심을 보였다. 준희는 역사책 읽는 것을 좋아했다. 준희가 지금까지 읽은 역사책만 해도 백 권은 넘었다. 만화도 포함된 수량이긴 하지만 말이다.

"그리고 사람의 마음속에서도 대립은 일어나고 있단다. 마음이라는 것이 한결같을 수는 없으니까. 한 친구에 대해서도 좋아하는 마음과 미워하는 마음이 나타나는 경우를

겪어 보았을 텐데, 그렇지 않아?"

"맞아요. 어쩔 땐 동생 민태가 죽도록 밉다가도, 또 어쩔 땐 너무 귀엽다는 생각이 들어요."

해결 선생님은 준희의 말에 흐뭇하게 웃으며 고개를 끄덕였다.

"우리가 서로 대립되는 사물, 사회, 그리고 사람의 관계를 서로 싸우는 관계로 이해한다면 사물과 사회, 사람은 계속해서 운동하고 변화하며 발전하고 있다는 것을 알 수 있어. 그러니까 우리는 무엇이든 고정된 것으로 보면 안 되고 하나의 '과정'으로 이해해야 해."

아이들은 해결 선생님의 이야기가 조금은 어려웠지만 재미있었다.

"너희들 어렸을 때부터 했던 덧셈, 뺄셈도 대립 관계라고 볼 수 있어. 과학에서도 끄는 힘과 잡아당기는 힘, 결합과 분리 등이 바로 대립 관계에 있는 것들이란다. 이렇게 대립되어 있는 것들이 서로 영향을 주고받고 있으면 그 대립을 '모순'이라고 하지."

열심히 듣고 있던 정신이가 물었다.

"선생님, 대립이란 말과 모순이란 말이 좀 헷갈려요."

"대립은 두 사물이 서로 마주 서 있을 수 있는데 모순은 그럴 수 없단다. 모순은 한쪽이 서면 다른 한쪽은 무너지는 거야. 무슨 말이냐 하면, 대립은 남자와 여자를 예로 들 수 있어. 이들은 함께 마주 있을 수 있지. 그러나 창과 방패는 그렇지 않아. 이 세상에서 모든 창을 막아 낼 수 있는 제일 강한 방패와 모든 방패를 찌를 수 있는 제일 강한 창이 서로 강하다고 주장한다고 해보자. 이게 바로 모순이라는 거야. 대립은 서로 함께 있으면서 서로 도와 조화를 이룰 수 있는 관계라고 할 수 있지만, 모순은 상대를 무너뜨려야 자신이 설 수 있는 관계라고 할 수 있어."

정신이, 진주, 준희는 동시에 고개를 끄덕였다.

"아, 그렇구나! 재미있어요, 선생님!"

"모순되는 것들은 서로가 상대를 인정하지 않고 부정하지. 그래서 싸우게 되는데, 싸우려면 결국 운동을 해야 해. 그래서 모순은 운동을 하게 하는 원리란다. 모든 사물은 자신 안에 모순을 갖고 있어야만 운동하고 활동하게 되는 거야. 예를 들면 아이가 현재 자신의 모습에 만족하지 않고 점점 자라 청년기를 거쳐서 어른이 되는 과정이 그렇단다. 씨앗이 자라서 꽃이 되고 열매를 맺게 되는 과정도 마찬가지야. 이 과정에서 우리는 모순에 의해 활동이 일어나는 것을 알 수 있단다. 이렇게 모든 사물은 모순으로부터 벗어나서 더 좋은 상태로 나아가는데, 드디어 여기서 그 유명한 헤겔의 변증법이 등장한단다."

잘 듣고 있던 아이들은 선생님의 '드디어'라는 말에 움찔했다. 왠지 '제대로' 강의보다 더 길고 어려운 강의가 시작될 것 같다는 느낌이 들어서였다.

"선생님, 그러면 앞집 아저씨 마음에도 두 가지 마음이 싸우고 있는 거겠네요. 우리를 좋아하는 마음과 우리를 싫어하는 마음이요."

눈치 빠른 진주가 선생님이 다음 말씀으로 넘어가지 못하도록 끼어들었다.

"그래, 그렇다고 할 수 있지."

"근데 아저씨는 우리를 미워하는 마음 쪽이 훨씬 강한 것 같아요."

"선생님, 제 마음도 싸우고 있어요. 아저씨를 '머리 빡빡'이라고 부르고 싶은 마음과 그러면 안 된다는 마음이요."

선생님이 '드디어' 강의를 시작할 틈을 주지 않으려고 아이들은 계속해서 말에 말을 이었는데, 선생님은 눈치를 못 채신 것 같았다. 그리고 어느새 변증법에 대해서는 까맣게 잊어 버리셨다.

"그래, 우리 정신이가 참 착하구나! 아무리 그래도 아저씨는 어른이니까 놀리면 안 될 것 같아."

그때 누구의 뱃속에서인지는 모르겠지만 꼬르륵 하는 배고픔을 알리는 신호가 들렸다.

"선생님, 뱃속도 배고프지 않은 쪽과 배고프다는 쪽이 싸워서 배고프다는 쪽이 이긴 것 같은데요."

"하하하."

아이들은 모순 덩어리 앞집 아저씨 때문에 해결 선생님

에게 제대로 모순에 대해 배울 수 있었다. 언제쯤 골목에서 자유롭게 놀 수 있을까? 아이들은 하루빨리 아저씨의 착한 마음이 훨씬 강해지길 바랐다.

네 생각은 어때?

해결 선생님은 모순 덩어리 아저씨를 예로 들면서 아이들에게 헤겔의 변증법 운동 원리를 이야기해 줍니다. 변증법의 원리인 모순에 대해 적어 보세요.

▶풀이는 211쪽에

철학자의 생각

대립과 모순은
발전의 원동력

대립과 모순은 다르다

   헤겔은 사물이 대립되어 있다는 것, 그리고 이들 사물은 원리에 의해 서로 발전하고 조화해 간다고 생각했습니다. 정신이 발전되지 못한 사람들은 대립물들, 즉 무한과 유한, 굽은 것과 곧은 것 등이 조화될 수 없다고 생각합니다. 하지만 보다 발전된 정신을 가진 사람들은 이 대립물들이 결국 통일되고 조화롭게 되는 것, 즉 '대립물의 일치'를 이해하게 됩니다. 대립 관계는 많은 곳에서 볼 수 있습니다. 이렇게 대립되어 있는 것들이 서로 영향을 주고받으면, 그 대립을 '모순'이라고 합니다.

   대립과 모순이라는 말을 확실히 구분할 수 있겠어요?

   모순에 대해 더 설명을 하자면, 대립은 두 사물이 서로 마주 서 있을 수 있는데, 모순은 그럴 수 없답니다. 모순은 한쪽이 서면 다른 한쪽은 무너집니다. 대립은 남자와 여자를 예로 들 수 있습니다. 이들은 함께 마주 있을 수 있지요. 그러나 모든 창을 막아 낼 수 있는 제일 강한 방패와 모든 방패를 찌를 수 있는 제일 강한 창이 서로 강하다고 주장한다고 생각해 보세요. 이들은 함께 마주 있을 수 없습니다. 이런 관계를 모순이라고 합니다. 대립은 함께 있으면서 서로를 도와 조화를 이룰 수 있는 관계이지만, 모순은 상대를 무너뜨려야 자신이 설 수 있는 관계입니다.

모순은 낡은 것을 파괴해 변화하고 운동하는 힘

헤겔은 모순이 모든 사물이 갖는 가장 중요한 성질이라고 생각했습니다. 또 사물이 변화하고 운동하게 하는 조건이라고 했습니다. 모든 사물은 그 자신 안에 모순을 가지고 있답니다. 다시 말하면, 모든 사물은 자신 안에 자신과 반대되는 것, 자신이 아닌 것에 대한 요구를 하고 있습니다. 그래서 사물은 운동하게 되고 변화가 일어나는 것이지요.

모순되는 것들은 서로가 상대를 인정하지 않고 부정합니다. 그래서 싸우게 되는데, 싸우려면 결국 운동을 해야 합니다. 모순은 운동을 하게 하는 원리랍니다. 따라서 사물들이 그 자신 안에 모순을 가져야 운동하고 활동을 하게 됩니다. 모든 사물은 자신과 반대되는 것을 자신 안에 가지고 있기 때문에 또한 모순을 극복하려는 운동을 합니다. 사람의 성격이나 욕망, 사회 제도나 법률 등 모든 것들이 자신의 모순에서 벗어나려는 자발적인 운동을 통해 변화되고 더 좋아지는 것이랍니다.

사물의 모순은 두 군데에서 나타납니다. 하나는 자신과 자신을 둘러싸고 있는 외부에 있는 대상 사이에, 다른 하나는 자신의 내부 안에서. 모든 사물은 외부와 내부에 자신을 부정하고 새로운 것으로 만들려는 모순들을 갖고 있습니다. 어떤 상태나 상황을 그대로 지탱하는 것이 아니라, 끊임없이 자신 안에 있는 낡은 것을 파괴해 자꾸 새로운 것으로 변화하려고 합니다. 이 과정에서 모순이 결정적인 작용을 합니다. 그런데 그 모순 자체도 자꾸 변화합니다. 모순 자체도 부정하려는 힘에 의해 변화되고 발전하게 되어 다른 모습으로 되었다가, 마침내 사라지게 되는 것입니다. 모순이 달라지면, 과거의 상태에서 새로운 것으로 사물이 바뀌게 됩니다. 이와 같이 사물 안에 있는 모순은 새로운 모순으로 바뀌면서, 사물은 더욱더 복잡해지고 세분화되면서 발전해 나가는 것입니다.

즐거운 독서 퀴즈

1 흔히 사람들은 창과 방패처럼 대립하는 것은 통일되거나 조화할 수 없다고 생각하지만 헤겔은 대립하는 사물이 부딪히면서 서로 조화를 이루고 발전해 간다고 했어요. 그 대립하는 것 중 상대를 무너뜨려야 존재할 수 있는 관계를 '모순'이라고 해요. 우리 주변에 볼 수 있는 대립 혹은 모순 관계에 있는 단어를 생각나는 대로 적어 보세요.

대립 관계	모순 관계
(남)과(여)	(창)과(방패)
( )과( )	( )과( )
( )과( )	( )과( )
( )과( )	( )과( )
( )과( )	( )과( )

예시

대립 관계	모순 관계
길다와 짧다	올라가다와 내려가다
높다와 낮다	밝다와 어둡다
많다와 적다	뜨겁다와 차갑다
밤과 낮	삶과 죽음

2 다음 문장은 '대립'과 '모순'을 설명한 문장이에요. 괄호 안에 대립 또는 모순이라는 말을 구별해 적어 보세요.

(   )은 두 사물이 서로 마주 서 있을 수 있지만 (   )은 그럴 수 없답니다.
(   )은 한쪽이 서면 다른 한쪽은 무너지는 것입니다. 다시 말해, (   )은 남자와 여자를 예로 들 수 있는데 이들은 함께 마주 있을 수 있습니다. 그러나 모든 창을 막아 낼 수 있는 제일 강한 방패와 모든 방패를 찌를 수 있는 제일 강한 창이 서로 강하다고 주장하면, 이게 바로 (   )입니다. 이렇게 보면, (   )은 서로 함께 있으면서 서로를 도와 조화를 이룰 수 있는 관계에 있지만, (   )은 상대를 무너뜨려야 자신이 설 수 있는 관계인 것입니다.

정답

대립 - 모순 - 모순 -
대립 - 모순 - 대립

좀 더 높은 이상이 없다면
인류는 쉬지 않고 일만 하는 개미 떼와
무슨 차이가 있는가.

-헤겔

4 정신이의 변증법

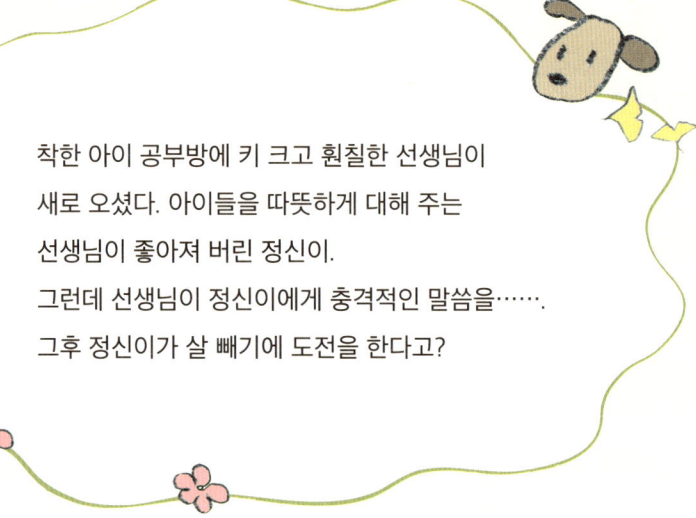

착한 아이 공부방에 키 크고 훤칠한 선생님이
새로 오셨다. 아이들을 따뜻하게 대해 주는
선생님이 좋아져 버린 정신이.
그런데 선생님이 정신이에게 충격적인 말씀을…….
그후 정신이가 살 빼기에 도전을 한다고?

빼빼 마른 멸치볶음

　정신이가 착한 아이 공부방에 들어온 지도 벌써 1년이 지났다. 1년 전과 지금의 정신이는 많이 다르다. 정신이는 많이 웃고 적극적이 되었다. 형제가 없는 정신이는 공부방에서 남을 돌보는 마음도 기를 수 있었다. 정신이는 막내 민태를 마치 엄마처럼 따뜻하게 돌봐 주었다. 해결 선생님이 잠깐 자리를 비우거나 다른 일로 바쁠 때면 정신이가 꼬마 엄마가 되기도 했다.

　"민태야, 누나가 숙제 봐 줄게. 누나랑 같이 공부하자."
　"……."
　"우리 민태가 왜 화가 났을까? 왜 그래? 민태야, 누나한테 얘기해 봐."

아직 한글을 깨치지 못한 민태가 한글을 배울 수 있도록 정신이는 동화책을 열심히 읽어 주기도 하고, 가끔은 시간이 많이 걸리더라도 스스로 읽을 수 있도록 도와주었다.

"소 소 소가 되 된 게으……."

"그 다음 글자는 '름'이야."

"름……? 누나 이거 모르겠어."

"뱅."

다음 글자는 민태가 아는 글자였다.

"이."

"다 같이 이어서 읽으면 '소가 된 게으름뱅이'야."

민태가 더 이상 읽고 싶어 하지 않으면 정신이가 대신 민태 옆에서 재미나게 책을 읽어 주었다.

"민태야, 누나가 읽어 줄게. 민태는 잘 듣기만 해. 옛날 옛날에 어느 동네에 일하기 싫어하는 게으름뱅이가 살았습니다."

정신이는 민태가 잘 듣고 있는지 한 번씩 쳐다보면서 열심히 읽어 주었다. 책을 읽어 주거나 화가 난 민태의 마음을 풀어 주는 모습은 돌아가신 정신이 엄마의 모습과 많이 닮아 있었다.

무엇보다 정신이에게 일어난 가장 큰 변화는 바로 몸무게였다. 사실 몸무게는 공부방에 들어오기 전부터 변해 있었다. 엄마가 돌아가신 일은 정신이가 오랫동안 받아들일 수 없는 큰 충격이었다. 다시는 따뜻한 엄마 품에 안길 수 없다는 것, '사랑한다, 내 딸아'라고 속삭여 주는 엄마의 목소리를 들을 수 없다는 것이 정신이의 건강한 마음을 빼앗아 버렸다.

정신이는 엄마가 돌아가신 후 견딜 수 없는 스트레스를 자는 것과 먹는 것으로 풀었다. 아무 생각 없이 먹을 때와 잘 때가 가장 마음이 편했다. 책 읽기도 좋아하고 공부도 곧잘 하는 정신이었지만 점점 주변 사람들의 걱정거리로 변해 갔다.

엄마가 살아 계실 때만 해도 정신이는 빼빼 마른 아이였다. 정신이가 지나가면 남자 아이들이 놀려 댔다. "야, 저기 멸치볶음 온다." 그건 정신이에게 관심 있다는 표현이었다. 속으론 좋아하지만 겉으론 일부러 외모를 가지고 놀리면서 한 번이라도 더 자신을 알리고 싶어 그런 것이다. 그러나 어찌 되었든 외모를 가지고 놀림을 받는 정신이의 기분이 좋을 리 없었다. 정신이는 삐빼 마른 멸치볶음이란 별명이 너무 싫었다. 그래서 급식에서 멸치볶음이 나오면 입에 대지도 않았다.

그랬던 정신이가 지금은 많이 뚱뚱하게 변해 있었다.

마음을 치료하는 선생님

"지금 어디까지 오셨어요? 일단 내리시면 3번 출구로 나오세요. 거기서 곧장 5분 정도 걸어오시면 사색 공원이 보여요. 큰 은행나무 아래 벤치가 보일 거예요. 거기 계시면 제가 나갈게요."

"선생님, 누가 오세요?"

"응, 너희들 도와주실 선생님!"

"남자 선생님이에요? 여자 선생님이에요?"

요즘 부쩍 이성에 관심이 많아진 진주의 질문이었다.

"아주 멋진 남자 선생님이셔."

까불이 준희가 피아노를 시끄럽게 치고 있었다. 어디에

서 배웠는지 준희가 칠 수 있는 유일한 곡은 '젓가락 행진곡'이었다.

"딩딩딩 딩딩딩 딩딩딩."

다들 시끄럽다고 귀를 막았다. 그러나 준희는 아랑곳하지 않고 마치 자신이 베토벤이라도 된 듯 있는 힘껏 빠르게 쳐 댔다.

"준희야! 피아노 좀 살살 쳐라. 그러다 피아노 다 망가지겠다."

해결 선생님은 처음엔 잘 친다는 말로 준희를 격려하기도 했었다. 그러나 지금은 소음을 내어 다른 아이들을 괴롭히고 있기 때문에 해결 선생님도 이제는 준희를 말렸다.

민태는 비디오를 보고 있었다. '토토와 투투'라는 애니메이션 비디오인데 진흙으로 만든 캐릭터들이 여러 모습으로 변신을 했다. 납작한 모양이 되기도 하고 의자가 되기도 했다. 말은 한 마디도 안 하는데 몇 가지 음향과 모습으로 무엇을 말하고 있는지 다 알 수 있었다. 민태는 그 비디오를 너무 많이 봐서 다음에 어떤 장면이 나올지 훤히 알고 있었다.

"선생님, 다음엔 손바닥으로 이렇게 이렇게 해요."라며 옆을 더듬거리는 흉내를 냈다. 여지없이 다음 장면은 민태가 말한 그대로였다. 민태는 그 장면이 나오자 그림에 쏙 빠져 입을 헤벌리고 웃고 있었다.

"얘들아, 선생님 잠깐 나갔다 올게. 너희들과 함께할 선생님 한 분이 오시기로 했거든. 지금 은행나무 공원 쪽으로 오시고 계셔. 마중 나갔다 올게."

"선생님 저도 갈래요."

"그래. 우리 진주가 선생님이랑 같이 가자."

멋진 남자 선생님을 먼저 보고 싶은 욕심에 진주는 해결 선생님을 따라 나섰다. 해결 선생님의 휴대전화 음이 신나게 울렸다. 음률에 맞추어 선생님은 노래를 불렀다.

"꽃은 참 예쁘다. 풀꽃도 예쁘다. 이 꽃 저 꽃 저 꽃 이 꽃 예쁘지 않은 꽃은 없다."

선생님은 이 노래 가사가 너무 좋다며 휴대전화가 울릴 때마다 노래를 부르시곤 했다.

"아! 여보세요. 선생님, 은행나무 공원에 도착하셨나요? 저희도 지금 나가요. 조금만 기다려 주세요."

키가 훤칠하게 크고 웃는 인상이 따뜻한 한 남자가 은행나무 공원 벤치 쪽으로 다가오는 해결 선생님과 진주를 보고 환하게 웃었다. 해결 선생님과 진주가 더 가까이 다가

갔다.

"김은호 선생님이신가요?"

"예, 안녕하세요. 김은호입니다. 네가 똑순이 진주구나!"

진주는 처음 보는 사람이 자신의 별명과 이름까지 알고 있다는 것이 신기했다. 해결 선생님은 공부방 아이들이 겪는 진솔한 이야기를 홈페이지에 올리곤 했다. 자신들 의사와는 상관없이 엄마 없이 살아가게 된 아이들의 어려움과 그 속에서 어떤 것에도 얽매이지 않고 자유롭게 살아가는 아이들 삶을 따뜻하게 담고 있는 홈페이지였다. 아이들 이야기를 읽다가 김은호 선생님도 감동을 받아 아이들에게 미술 치료를 해 주고 싶다며 찾아오게 된 것이다.

김은호 선생님은 진주가 기대한 이상형이 아니었다. 진주는 요즘에 한창 인기 있는 오리온이란 배우를 좋아했는데, 오리온이 드라마에서 장난스럽게 씨익 웃을 때마다 진주는 너무 멋있다며 소리를 질러 대곤 했다. 그리고 언젠가는 꼭 실제로 오리온을 만나리라는 기대를 품고 있었다.

서로 인사를 나눈 세 사람이 공부방으로 돌아오자 준희의 시끄러운 피아노 소리가 대문 밖까지 들려왔다.

"저 피아노를 치고 있는 아이가 준희예요. 어디서 배웠는지 피아노 앞에 앉았다 하면 저 곡만 치는데 우린 모두 귀를 막아 버리죠."

"준희 때문에 건반 하나는 아예 소리가 안 나요. 너무 세게 눌러서요."

김은호 선생님은 살짝 웃었다. 이미 홈페이지를 통해 준희 이야기를 익히 알고 있었기 때문이다. 선생님은 속으로 생각했다. '그 아이를 실제로 본다면 어떨까?'

"얘들아, 인사해. 김은호 선생님이야."

"안녕하세요."

"그래 안녕. 만나서 반가워. 난 김은호라고 해. 오늘부터 일주일에 한 번씩 이곳에 와서 너희들과 놀 거야."

아이들이 치료라는 말을 오해할까 봐 김은호 선생님은 일부러 치료라는 말은 쓰지 않았다.

"선생님은 너희들이 그린 그림으로 너희들 마음을 볼 수 있어. 어떤 사람은 겉으로는 막 웃지만, 속으로는 마음이 아파 울고 있을 수 있거든. 그런 것이 그림을 보면 어느 정도 드러나게 되어 있어. 그럼 그 사람에게 말해 주는 거야. 당신은 마음이 많이 아파요. 그러니까 이렇게 마음을 치료해 봐요. 한마디로 마음 치료사라고 하면 될까?"

김은호 선생님은 이야기를 하면서 정신이, 진주, 준희, 민태, 그리고 해결 선생님과 눈을 마주쳤다. 김은호 선생님이 더 관심 있게 지켜본 아이는 정신이었다. 정신이는 여럿이 함께 있을 때는 한없이 밝았지만, 혼자 있을 때는 얼굴에 어두운 그림자가 드리워지곤 했다.

"오늘은 나도 너희들 놀이에 끼워 주겠니? 너희가 놀이 천재라는 소문을 듣고 왔으니까."

정신이는 김은호 선생님이 자신을 따뜻하게 바라보는 눈길을 느낄 수 있었다. 그리고 참 좋은 분이란 생각도 들었다. 마음 치료사……. 가끔 엄마를 생각할 때면 가슴 있는 데가 정말 아팠는데, 선생님이 치료해 주실지도 모르겠다는 생각이 들었다. 자신을 향해 너무나 따뜻하게 웃어 주는 김은호 선생님에게 정신이는 마음을 쏘옥 빼앗겼다.

살을 좀 빼면

 김은호 선생님은 매주 한 번씩 착한 아이 공부방에 와서 30분 정도는 아이들과 함께 놀고, 한 시간 정도는 나무, 강, 집, 그리고 좋아하는 동물 등을 그려 보라고 했다. 또 어떤 날에는 가까운 산에 올라가 간식을 먹으면서 자유롭게 그리고 싶은 것을 마음껏 그려 보라고 했다. 아이들은 자신들이 그리고 싶은 것을 열심히 그렸다. 새로운 놀이나 게임을 하는 것으로 생각했다. 정신이도 생각나는 대로 열심히 그렸다.
 선생님은 아이들이 그린 그림을 가지고 해결 선생님과 단둘이 상의를 했다.
 "정신이가 그린 그림 안에는 유난히 테두리가 많아요. 여기까지는 넘어오지 말라는 뜻이겠죠? 이렇게 그림 주변에 테두리를 그리는 아이들 마음엔 누군가를 경계하는 심리가 있어요. 사람을 믿지 못하는 거죠. 믿었다가는 다시 마음에 상처를 받는 것이 두려우니까요."

"네, 저도 정신이에게 그런 모습을 많이 발견했어요. 어느 땐 나에게 마음을 주는 것 같아서 가까이 다가가면 더 이상 마음을 열지 않는 거예요. 속마음을 다 털어놓지 않아요. 그리고 보통 땐 예의도 바르고 얌전한 아이인데 한번 화가 나면 정말 난폭해져요."

"이곳에 있는 아이들 모두 그렇겠지만, 정신이에겐 더 특별한 관심이 필요해요. 그리고 살도 뺄 수 있도록 도와주시면 좋을 것 같아요. 살이 빠지면 훨씬 더 자신감이 생길 거예요."

정신이는 겉으로 표현하진 않았지만 매주 김은호 선생님이 오시는 날을 기다렸다. 자신에게 진심으로 친절하게 대해 주는 사람은 해결 선생님 빼고 처음이었다. 그리고 김은호 선생님을 보면 해결 선생님을 볼 때와는 다른 느낌이 들었다. 뭐라 표현할 순 없지만 말이다.

준희와 민태, 진주는 축구공을 가지고 운동장으로 갔다.

"선생님! 김은호 선생님이 오시기 전까지만 놀고 올게요."
오늘은 김은호 선생님이 오시는 날이었다.
"10분 전까지 꼭 들어오기로 약속하면."
"알았어요. 꼭 올게요."
"진주가 책임지고 아이들 데리고 와라."
"네!"

허락이 떨어지기 무섭게 아이들이 달려 나갔다. 해결 선생님은 간식이 다 떨어져서 동네 슈퍼마켓에 갔다 온다고 하셨기에 공부방엔 정신이 혼자 책을 읽고 있었다.

잠시 후 공부방 문을 열고 김은호 선생님이 들어오는 순간, 정신이는 가슴이 콩닥콩닥 뛰었다. 해결 선생님과 다른 아이들이 같이 있을 때는 괜찮았는데 선생님과 단둘이 있으려니 쑥스럽고, 선생님과 눈을 마주치는 것도 어렵게 느껴졌다. 이미 정신이의 마음을 짐작하고 있던 선생님은 정신이가 어색해하지 않도록 더 밝게 이야기를 했다.

"우리 정신이 책 보고 있었구나! 무슨 책이니?"
"네, 『로버트와 핑키』라는 책이에요."
"아, 그래. 나도 이 책 정말 재미있게 봤어. 나중에 핑키가 죽잖아. 그때 정말 가슴이 아프더라. 로버트 심정이 이해가 되는 거야. 예전에 내가 정성을 다해 보살폈던 강아지가 죽었거든."

"……."

선생님은 좀 더 밝은 이야기를 해야겠다고 생각했다.

"그런데 다른 아이들은?"

"축구하러 운동장에 갔어요. 이제 곧 올 거예요."

"그런데 우리 정신이는 왜 같이 안 갔니?"

"가기 싫어서요."

"정신이는 다 좋은데 움직이는 걸 좀 싫어하는구나. 우리 정신이가 지금도 예쁘지만 운동도 열심히 해서 살을 조금 빼면 정말 멋진 숙녀가 될 텐데."

"……."

그 순간 해결 선생님이 한가득 담긴 간식 보따리를 들고 왔다.

"선생님 오셨어요? 간식이 떨어져서 잠깐 나갔다 왔어요. 정신아! 아이들은 아직 안 왔니?"

"네."

"하여간 이 녀석들은……. 정신아, 어서 가서 선생님 오셨다고 얼른 오라고 해 줄래."

"네."

운동장 가는 길에 정신이는 김은호 선생님이 한 말을 다시 떠올렸다.

'살을 좀 빼면 멋진 숙녀가 될 텐데.'

이 말이 자꾸 떠올랐다. 지금까지 한 번도 살을 빼야겠다는 생각을 해 보지 않았다. 같은 반 남자 아이들이 아무리 '뚱땡이'라고 놀려도 동요하지 않았던 정신이었다. 김은호 선생님이 단지 지나가는 말로 한마디 툭 던진 것뿐인데 정신이 마음을 마구 흔들어 놓았다.

아이들을 찾아 들어오자 해결 선생님이 놀라운 소식을 전해 주었다.

"얘들아, 다음 주부터 선생님이 이곳에 못 올 것 같아."

정신이의 가슴이 쿵 내려앉았다.

"선생님은 그동안 너희들과 함께 보낼 수 있어서 너무 좋았는데, 너희들은 어땠니? 사실 뭔가 도움을 주려고 왔는데 오히려 내가 훨씬 더 많은 도움을 너희들에게 받고 가는 것 같아. 나중에 또 올게. 내가 다음 달에 좀 더 공부할 게 있어서 미국에 가게 됐거든. 1년 정도 공부하고 올 생각이야. 아마 1년 후에 다시 볼 수 있을 거야. 훨씬 멋진 모습으로 다시 보자."

'완전히 떠나는 건 아니구나! 다시 볼 수 있다고 했어. 1년 후에.'

정신이는 그나마 완전히 헤어지는 게 아니라는 사실을 알고 다행이라고 생각했다.

아이들은 다들 아쉬운 표정을 지었지만 금방 밝아져 아무렇지도 않은 듯했다. 가장 섭섭한 사람은 정신이었다. 김은호 선생님은 공부방을 나서면서 정신이의 머리를 한 번 쓰다듬어 주었다.

"정신아. 1년 후에 보자. 그때까지 잘 지내. 우리 정신이 파이팅!"

"1년 후에 꼭 다시 만나요, 선생님!"

변증법 운동 작전

 김은호 선생님이 떠난 후 정신이는 살을 빼기로 결심했다. 멋진 모습으로 김은호 선생님을 다시 만나리라 다짐했다. 운동을 하겠다고 하자 가장 반긴 사람은 해결 선생님이었다.
 "우리 정신이가 어떻게 그런 결심을 하게 되었을까? 어쨌든 선생님도 있는 힘껏 도울게. 같이 한번 해 보자."
 해결 선생님은 정신이가 어렵게 한 결심을 적극적으로 돕고 싶어 했다. 먼저 철저한 다이어트 계획을 같이 짜기 시작했다.
 "정신아! 선생님이 인터넷을 다 뒤져 봤는데 결론은 꾸

준한 운동이더라. 내일부터 아침 일찍 은행나무 공원을 다섯 바퀴 도는 거 어때?"

정신이는 자기보다 더 적극적으로 나서서 신나게 계획을 짜 주시는 선생님이 너무 고마웠다.

'선생님은 나에게 왜 이렇게 잘해 주실까?'

이렇게 해서 아침 운동, 아니 새벽 운동이 시작되었다. 예전보다 한 시간 전에 일어나야 했다. 처음엔 정말 힘들었다. 그러나 해결 선생님은 전화로 끈질기게 정신이를 깨웠다.

"여보세요?"

"정신이 일어났니? 일어났으면 얼른 나와. 은행나무 공원에서 기다릴게."

"네."

처음엔 대답만 해 놓고 그냥 잠들어 버린 때도 많았다. 선생님은 그래도 계속 정신이를 기다려 주었다. 차츰 못 나오는 날보다 나오는 날이 많아졌고, 6개월이 지난 후에는 자동적으로 6시만 되면 눈이 번쩍번쩍 떠졌다.

새벽에 은행나무 공원을 달리면서 정신이는 엄마가 왜 이 공원을 좋아했는지 알게 되었다. 수업이 끝나고 왔을 때는 사람들이 많아서 공원의 모습보다는 사람들에게 더 눈길을 빼앗겼다. 그러나 새벽엔 아무도 없었다. 상쾌한 새벽 공기 속에서 은행나무의 푸른 잎은 더 푸르게 보였다.

"선생님한테 이 세상의 모든 어려운 문제를 풀 수 있는 방법이 있는데 한번 들어 볼래?"

운동을 마치고 나면 잠깐 선생님과 벤치에 앉아 이런저런 이야기를 나누었다.

"정신아, 변증법이라고 들어 봤니?"

"아, 네! 전에 선생님이 모순에 대해 말씀하셨을 때 들었어요. 모순을 벗어나려면 변증법이 필요하다고 하셨던 것 같은데……. 정확하게는 기억 안 나요."

"오호, 한 번 말했을 뿐인데, 아주 잘 기억하고 있네. 예전에 네가 공부방에 처음 왔을 때 정신에 대해 이야기했던 것도 생각나니?"

"그럼요, 생각나요. 아이들이 선생님 말을 들을 때면 꼼짝 않고 있었던 것도요."

"훗훗, 그래. 녀석들이 조금 오버해서 그랬지. 사실 나는 그렇게 하라고 시킨 적 없거든."

"알아요."

"정신은 상대 정신과 싸우면서 상대의 좋은 점을 받아들이고 자신의 나쁜 점을 버리면서 점점 더 나은 정신으로 만들어 간단다. 사람의 정신은 모든 것을 알 수 있는 단계에까지 나갈 수 있는데, 가장 완성된 정신을 절대정신이라고 하지."

"헤겔 이야기 하시면서 절대정신에 대해서 얘기해 주셨던 것도 조금은 생각나요."

"결국 모든 것에는 가능성이 있다는 것을 말하고 싶었던 거란다. 지금은 비록 작고 초라하지만 우리는 얼마든지 변할 수 있다는 말이지. 이런 변화의 가능성이 없다면 우리는 살아갈 힘을 잃게 돼."

정신이는 고개를 끄덕였다.

"모든 사물이나 사람은 순간마다 변하고 있단다. 우리 눈엔 똑같아 보일지라도 말이야. 그 이유를 나는 모든 사물이나 사람은 현재 있는 것을 부정하는 힘을 자기 내부에 가지고 있기 때문이라고 생각해. 다시 말하면, 현재의 '나' 안에 나를 부정하는 힘이 있어. '나'를 현재 있는 그대로 내버려 두지 않고, 내일의 '나'로 바꾸는 것이지. 조금 어려운 말로 표현하면 '부정하는 힘'이라고 해."

"저도 사실은 지금의 제 모습을 바꾸고 싶어요. 예전에는 이런 생각을 못 했는데 지금은 그렇게 하고 싶어요."

정신이는 김은호 선생님 때문이라는 말은 하지 않았다.

"그래. 현재의 나를 부정하는 힘이 바로 변증법을 만들어 가는 가장 중요한 원인이란다. 다만 무조건 부정만 하는 것이 아니라, 부정하고 난 다음에는 긍정하고 다시 부정하고 또 긍정하고……. 이렇게 되풀이하면서 모든 것은 항상 운동하고 있는 것이지. 이러한 부정과 긍정의 운동을 논리적으로 밝혀 보여 주는 것이 바로 변증법이란다."

"부정, 긍정, 부정, 긍정……. 재미있어요."

"이 은행나무를 보렴. 이 나무의 처음 시작은 무엇이었을까? 한 알의 은행 씨앗이었겠지? 그런데 그 한 알의 은행 씨앗이 그 상태 그대로 머물러 있다면, 커다란 나무가 되는 일은 생겨나지 않았을 거야. 한 알의 은행이 땅에 떨어져 썩은 후 싹을 틔우면 먼저 어린 나무가 된단다. 그러면 은행 씨앗은 이제 없어지지. 이때 은행 씨앗이 죽고 부정되어야 어린 나무가 되는 것이고, 다음에 이 나무가 어린 나무로 머무는 게 아니라 더 자라겠지. 자란다는 것은 뭐니? 결국 어린 나무가 부정되면서 큰 은행나무가 되는 거란다."

"우아, 변증법 운동은 참 놀라운 거네요?"

"그럼, 놀라운 거지. 변증법은 거의 모든 자연 현상이나 사람들의 관계를 설명해 줄 수 있어. 아 참, 근데 벌써 시간이 이렇게 지났네. 정신이 얼른 집에 가서 준비하고 학교 가야지."

정신이는 해결 선생님과 이런 이야기를 나눌 수 있는 것이 참 행복했다. 그리고 행복해하는 정신이에게 눈에 보이는 변화들이 많이 일어나기 시작했다. 정신이는 수업 시간에 선생님께서 하시는 말씀을 집중해서 듣게 되었다. 그러니 자연히 성적도 올랐고, 선생님의 칭찬 횟수도 늘어 갔다. 그리고 살이 점점 빠지기 시작했다.

네 생각은 어때?

해결 선생님은 정신이에게 세상의 모든 문제를 풀 수 있는 방법인 헤겔의 변증법에 대해 이야기해 줍니다. 헤겔의 절대정신을 바탕으로 변증법이 무엇인지 글로 적어 보세요.

▶ 풀이는 212쪽에

정반합

　겨울방학을 보내고 나서 학교에 모인 선생님들과 아이들은 정신이의 변화에 다들 놀라워했다.

　정신이는 요즘 새로운 사람으로 다시 살아가는 기분이었다. 예전에 자주 들었던 두려운 마음이 사라지고 웃는 일도 많아졌다. 그리고 6학년이 되어서는 아이들과도 친하게 지내게 되었다. 특히 따돌림을 당하는 친구가 있으면 먼저 다가가서 말을 걸 수 있는 용기도 생겼다.

　"정신아, 이거 받아."

　"이게 뭔데?"

　"이번 주 토요일이 내 생일인데 오라고."

"그래 알았어. 몇 시에 어디로 갈까?"

정신이네 반 남자 애 중에서 가장 인기 있는 회장이 건넨 생일 초대장이었다. 언제부턴가 그렇게 매주 정신이는 생일 초대장을 받았다. 정신이의 인기는 날이 갈수록 높아졌다.

6학년 마지막 겨울방학이 되기 전에 아이들은 재미 삼아 같이 앉고 싶은 사람 투표를 했는데 정신이가 1위로 뽑혔다. 아이들이 정신이를 좋아하는 이유는 차별하지 않고 누구에게나 잘 대해 주기 때문이었다.

오늘은 은행나무 공원을 뛰는 대신 해결 선생님과 천천히 걸었다.

"선생님, 우리 반에서 인기투표를 했는데 제가 1위로 뽑혔어요."

"오호, 그랬니? 우리 정신이 인기가 하늘을 찌르는구나!"

"제가 사람을 차별하지 않아서 좋대요."

"차별?"

"네. 다른 아이들은 사람을 차별하는데 저는 안 그래서 좋대요. 근데 애들은 이상해요. 자기들은 따돌리면서 내가 그 애한테 잘해 주는 것을 보고 내가 좋대요. 이상하죠?"

어느새 은행나무 공원의 모든 은행나무들은 자연이 만들어 준 노란 옷을 다 벗었다. 해결 선생님은 공원 중앙에 있는 벤치에 앉았다. 정신이도 따라 앉았다.

"너희 반 아이들 대부분은 왕따를 시키면서도 마음 한쪽에서는 남을 놀리고 차별하는 것은 나쁘다고 생각했을 거야. 많은 아이들이 따돌리니까 자신들도 거기에 속해야 한다고 생각했기에 그렇게 따라 했던 거지. 사실 엄밀히 따지면 나서서 놀리지 않더라도 당하는 친구 옆에 다가가지 않는 것 역시 왕따를 한 거랑 마찬가지야."

"맞아요."

"그러나 네가 그 불쌍한 친구를 다른 친구들과 똑같이 편하게 대하는 것을 보면서 아이들은 갈등했을 거야. 정신이를 왕따시켜 버릴까? 아니면 친구를 왕따시켰던 자신들이 옳지 못했음을 인정할 것인가? 결국 누구하고나 친하게 지내는 너를 인기투표에서 뽑아 주었잖아. 그것은 왕따가 나쁘다는 것을 인정한 셈이야. 자신들은 나쁜 줄 알면서도 자신들의 잘못을 인정할 용기가 없어서 친구를 따돌렸지만 말이다."

정신이도 예전에는 친구를 일부러 따돌린 적이 있었기

때문에 해결 선생님이 무슨 말씀을 하시는지 짐작할 수 있었다.

"앞으로 네가 어떻게 하느냐에 따라 정신이네 반에선 왕따라는 말이 아예 없어질 수도 있겠는걸."

"제가 어떻게 해야 하나요?"

"어렵지 않아. 그냥 네가 지금까지 했던 것처럼 따돌림 당하는 친구의 마음을 이해하고 가까이 다가가 주면 돼. 그리고 가끔은 친구들이랑 같이 놀 때 그 친구도 끼워 주고 말이야. 어때? 그 정도는 할 수 있겠지?"

"네. 그 정도는 할 수 있어요."

"그래, 정신이라면 충분히 할 수 있어!"

해결 선생님과 이야기하면 모든 것이 다 잘될 것 같았다. 그리고 마음속 어딘가에서 힘도 생겨났다. 징신이는 해결 선생님과 이야기하면서 기분 좋은 일들을 계획할 수 있게 되어 좋았다.

"네가 처음 공부방에 왔을 때와 지금이 얼마나 많이 달라진 줄 아니?"

"제가요? 맞아요. 많아 달라진 걸 저도 느껴요."

"가장 중요한 변화는 네 표정이야. 많이 밝아졌어."

정신이는 선생님을 향해 환하게 웃었다.

"너의 변화를 보면서 저번에 말한 변증법에 대해 더 깊게 이야기해 주고 싶구나."

"선생님, 좋아요. 듣고 싶어요. 부정, 긍정, 부정, 긍정……. 이렇게 나아간다고 말씀하셨잖아요."

"그래, 기억하고 있네! 변증법에서 말하는 운동은 여러 가지 층으로 복잡하게 이루어져 있어. 그것을 정(正), 반(反), 합(合)이라는 세 가지 개념을 이용하여 설명한단다. 정은 있는 것, 반은 있는 것을 반대하는 것, 합은 이 둘의 종합으로 이해하면 돼."

선생님은 나무 막대기를 가지고 땅 위에 正, 反, 合 세 글자를 썼다.

"그거 제가 다 아는 한자예요. 바를 정, 반대 반, 합할 합이요. 히히."

해결 선생님은 자신 있게 대답하는 정신이를 보고 빙긋 웃으셨다.

"한자 공부 열심히 하는구나. 그럼 제대로 한번 정반합을 얘기해 볼까? 정(正)은 '~이다'라는 판단을 뜻한단다. 긍정하는 판단이지. 예로 '정신이는 운동을 열심히 하는 학생이다.'라는 문장을 들 수 있어. 이것을 긍정하는 처음 문장이라고 하자. 다음 반(反)은 첫 긍정 문장을 부정하는 문장인데, 전면 부정이 아니라, 그 일부를 부정하는 문장이지. 예를 들면, '정신이는 열심히 운동하는 학생은 아니다.'가 되는 거야. 이것은 앞서 말한 '정신이는 운동을 열심히 하는 학생이다.'의 부정이고 방해 원인이란다. 그러면 정신이는 자신 안에 두 문장의 성질을 다 가지고 있게 되지. 그런데 시간이 흐르면서 이 두 문장은 합(合)을 이루게 된단다. 예를 들면, '정신이는 단지 열심히가 아니라 최선을 다해 운동하는 학생이다.'로 말이야."

정신이는 열심히 고개를 끄덕거리면서 선생님의 설명을 따라갔다. 입으로 연신 "정반합, 정반합" 하는 걸 보니 이해가 되는 모양이었다.

"아하! 그럼 정반합의 순서가 이렇게 되는 거네요? 처음 긍정이 정, 그 다음 부정이 반, 그 둘을 합한 긍정이 합. 맞죠?"

"이야, 벌써 이해를 했구나. 그래, 맞아. 그리고 정과 반을 합해서 새로운 합으로 가는 것을 '지양'이라고 한단다. 지양은 이런 뜻이야. 먼저, 있는 것을 부정하지. 그 다음에 그중에서 필요한 것을 보존해. 그리고 한 단계 더 높아지는 거야. 이렇게 부정하고 보존해서 한 단계 더 높이는 것을 지양이라고 한단다. 지양을 통해서 우리는 버릴 것은 버리고, 취할 것은 취해서 더 새로운 종합을 하게 되는 거지. 그래서 아까 예를 든 것처럼 새로우면서도 이전의 것을 받아들인 문장이 나온 거란다. '정신이는 최선을 다해 운동하는 학생이다.'라는 문장 말이야."

"아하, 그렇구나! 변증법으로 무엇이든지 설명할 수 있겠어요."

"그럼! 변증법은 거의 모든 자연 현상이나 사람들의 관계, 세상의 원리를 설명할 수 있단다. 변증법에서 중요한 것은 '합'의 단계가 이미 지나간 것의 반복이 아니라 질적인 발전이 일어난다는 거야. 그것도 직선적인 발전이 아니라, 부정의 부정을 통해 나선형의 형태로 위로 올라가면서 진보하는 것이지."

"알 것 같아요."

그때 정신이 무릎 위로 흰 눈이 떨어졌다.

"선생님, 눈이 와요."

"우와, 그러네. 우리 정신이와 첫눈을 맞다니 영광인데?

하하하."

"선생님, 선생님 말씀을 들으면서 제가 하나 생각한 게 있는데 들어 보실래요?"

선생님은 정말 궁금하다는 듯 고개를 끄덕였다.

"이름하여 정신이의 변증법이에요. 원래 정신이는 빼빼 말랐다. 그러던 어느 날 정신이는 정신없이 먹어 대면서 살이 찌기 시작했다. 살이 찌면서 정신이의 예전 모습은 사라지고 뚱뚱한 정신이가 되었다. 정신이는 살찐 자신을 부정했다. 정신이 안에는 계속 아무 노력 없이 뚱뚱하게 있으려는 정신이와 노력해서 살을 빼야겠다고 생각하는 정신이가 싸웠다. 살을 빼야겠다는 마음이 커지자 예전에는 상상할 수 없었던 정신이의 아침 운동이 시작됐고, 정신이의 살은 점점 빠지고 이제 정신이는 옛날처럼 빼빼 마르지도 또 뚱뚱하지도 않은 예쁜 숙녀로 완전히 바뀌었다."

"와! 정신이 대단한데."

해결 선생님은 아주 흐뭇한 표정을 지으셨다.

"그런데 정신이가 이렇게 열심히 살을 빼게 된 진짜 이유는 뭘까?"

"선생님, 그건 지금 말할 수 없어요. 나중에 아주 나중에 말씀드릴게요."

"그래? 하하하, 나중에 꼭 말해 줘야 해."

두 사람 머리 위로 점점 더 많은 눈송이가 내려와 앉았다.

네 생각은 어때?

헤겔은 모든 것을 하나의 원리로 설명해 내려고 했습니다. 즉, 모든 것이 정신의 법칙에 따라 이루어진다는 것입니다. 이것을 유심론 혹은 관념론이라고 부릅니다. 그리고 정신의 법칙은 모든 것의 배후에 있는 절대정신을 향해 나아갑니다. 이 과정에서 바로 변증법이 나타납니다. 변증법이 절대정신을 향해 나아가는 과정에서 나타난 이유에 대해 말해 보세요.

▶풀이는 213쪽에

철학자의 생각

변증법은 인간 정신과 역사를 설명하는 법칙

세계는 긍정(正) → 부정(反) → 종합(合)을 통해 발전해 간다

헤겔은 변증법을 가리켜 '독특한 논리학'이라고 했습니다. 논리학이란 진리를 알기 위한 방법을 밝혀내는 학문입니다. 헤겔이 변증법을 독특한 논리학이라고 한 이유는 일반 논리학이 풀 수 없는 문제를 해결해 주기 때문입니다.

변증법은 사물이나 사람을 움직이게 하는 운동의 논리입니다. 변증법에서 말하는 운동은 여러 가지 층으로 복잡하게 이루어져 있는데 이것을 정, 반, 합이라는 세 개념을 이용하여 설명합니다.

우선 정(正)은 '있는 것'이라는 뜻으로 긍정하는 판단을 말합니다. 반(反)은 '있는 것을 반대하는 것'으로 첫 긍정 문장을 부정하는 것입니다. 마지막으로 합(合)은 정과 반의 지양을 통해 생기는 것입니다. '지양'은 부정하고, 보존하고, 한 단계 더 높이는 것을 말합니다. 곧 합은 취할 것은 취하고 버릴 것은 버려 새로이 종합하는 것입니다.

헤겔은 이러한 변증법 운동을 정신의 발전과 연결하여 설명합니다. 자신을 알려고 하는 자기 인식의 첫 단계가 변증법의 첫 단계인 '정'입니다. 자기 자신을 알기 위해서는 자신이 아닌 것과 구별해야 하므로 자신이 아닌 다른 것이 필요하게 되는데, 이것이 곧 '반'입니다. 여기서 정신의 정과 반은 함께 있는 것이 낯설고 불편하여 투쟁을 하는데, 투쟁 과정에서 정은 반에게서 필요한 것을 받아들여 더 나은 것으로 종합하게 됩니다. 그리하여 정신은 옛것을 보존하면서 새로운 것을 더해 합으로 나아가고, 정신이 한 단계 더 나아진 합에 이르게 되는 것입니다. 이 합은 다시 정이 되어 반을 만나 합을 이루는 방식으로 정신의 변증법 과정은 계속됩니다.

인간과 세계를 잘 설명해 주는 변증법

정신의 변증법 운동은 순환하거나 일직선으로 움직이지 않고 나선형으로 발전합니다. 그러면서 더 높은 수준으로 나아가는 것입니다. 정신의 발전은 단순한 반복이 아니라 단계가 점점 높아지는 반복입니다. 다시 말해 정신은 자신을 알아 가면서 잘못 알게 되는 수도 있고, 퇴보하거나 그 자리에 머물 수도 있습니다. 그러나 시간이 지나면서 정신은 단순한 것에서 복잡한 것으로, 낮은 단계에서 높은 단계로 올라갑니다.

　사물이 자신을 펼쳐 나가고, 역사가 진행되어 나가고, 정신이 자신을 알아 가는 과정들이 모두 변증법의 운동으로 설명될 수 있습니다. 변증법은 세계를 설명하기 위해 없어서는 안 되는 방법입니다. 그래서 헤겔은 변증법을 마법이라고 불렀습니다. 왜냐하면 변증법을 통해서만 세계가 설명될 수 있다고 보았기 때문입니다.

즐거운 독서 퀴즈

1 헤겔의 변증법을 설명할 때 등장하는 단어에 동그라미 해 보세요.

정(正)	믿음	사랑
거짓	반(反)	합(合)
평화	투쟁	배신

2 정신이 변화하고 발전하여 최고로 완성된 형태는 무엇인가요?
( )

정답

1 정(正), 반(反), 합(合), 투쟁
2 절대정신

3 정신이가 자신의 변화를 위해 뭔가를 결심하자 해결 선생님이 다음과 같은 조언을 해 줍니다. 정신이가 무엇을 결심했는지 맞혀 보세요. (   )

> 모든 사물이나 사람은 순간마다 변하고 있단다. 우리 눈엔 똑같아 보일지라도 말이야. 그 이유를 나는 모든 사물이나 사람은 현재 있는 것을 부정하는 힘을 자기 내부에 가지고 있기 때문이라고 생각해. 다시 말하면, 현재의 '나' 안에 나를 부정하는 힘이 있어. '나'를 현재 있는 그대로 내버려 두지 않고, 내일의 '나'로 바꾸는 것이지. 조금 어려운 말로 표현하면 '부정하는 힘'이라고 해.

❶ 동생 돌보기
❷ 살빼기 운동
❸ 농촌 일손 돕기

정답

우리가 역사에서 배운 단 하나는
역사에서 아무것도 배운 것이
없다는 것이다.

-헤겔

5

진정한 자유

착한 아이 공부방 친구들과 해결 선생님이
시골 여행을 떠난다. 야호!
그런데 재미있을 줄로만 알았던 여행이었는데…….
앗, 새벽부터 일을 하라고?

아주 특별한 시골 여행

"와아!"

해결 선생님의 말이 채 끝나기도 전에 아이들은 일제히 환호성을 질렀다.

"지, 지. 선생님 얘기 아직 안 끝났는데……."

선생님이 크게 소리쳐도 아이들의 설렘을 막지는 못했다. 아이들 마음은 이미 시골로 향하는 버스 의자를 한 자리씩 꿰차고 있는 것 같았다.

해결 선생님은 착한 아이 공부방에 오기 전부터 매년 이맘때쯤이면 복잡하고 시끄러운 서울을 떠나 시골을 찾았다. 선생님의 시골 여행은 공부방 아이들이 텔레비전에서

나 볼 법한 멋진 별장에 에어컨 빵빵 틀고 휴가를 즐기는 피서 여행과는 다른 아주 특별한 여행이었다.

해결 선생님은 매년 일주일 동안 시골에 머물면서 할머니, 할아버지 들을 돕고 그곳 아이들을 만나 꿈을 심어 주는 봉사 활동에 참여하고 있었다.

착한 아이 공부방 아이들의 엄마, 아빠는 대부분 맞벌이 생활을 했고, 형편도 넉넉지 못했기 때문에 시간을 내서 아이들과 그 흔한 놀이공원 가는 것도 쉽지 않았다. 그런 아이들이었기에 단체로 시골 여행을 간다는 선생님의 말씀에 앞뒤 따질 것 없이 무조건 대환영이었다.

한 번도 시골을 경험하지 못한 서울 아이가 시골의 밤하늘에 쏟아지는 별을 보면 어떤 생각을 할까?

'그래, 요 녀석들아. 지금은 이렇게 신나서 떠들지만 얼마나 갈지 두고 보자.'

해결 선생님의 입가에 장난스러운 웃음이 번졌다.

이렇게 긴 여행도 처음이어서 설레는 마음에 밤잠까지 설친 아이들은 처음에는 버스 안에서 선생님의 주의에도 아랑곳없이 이리 뛰고 저리 뛰고 하더니 이내 하나둘씩 곯아떨어졌다.

버스를 타고 한참을 와서야 도착한 곳은 봉래마을이라는 곳이었다.

마을에 도착하자 이미 마을 입구 정자에 앉아 있던 어른들이 반갑게 맞아 주셨다. 해결 선생님께서 미리 연락을 해 놓은 터라 다들 기다리고 계셨다. 아이들은 배도 고프고 긴 여행길에 녹초가 되어 힘들었지만 해결 선생님이 시키는 대로 마을 어른들께 공손히 인사를 드렸다.

"차가 막히는 바람에 조금 늦었습니다. 저와 함께 온 아이들입니다. 도시에서는 배울 수 없는 지혜를 어르신들께 배우고자 이곳에 내려왔으니 많이 가르쳐 주세요, 어르신들."

아이들은 피곤한 정신에도 서로를 쳐다보며 의아하다는 눈빛을 주고받았다.

'우리는 신나게 놀러고 온 건데 뭘 또 배운다는 거지?'

아이들의 눈빛이 이렇게 말하는 것 같았다.

어른들께 인사를 마치자 아이들은 해결 선생님에게 작은 소리로 말했다.

"선생님, 너무 힘들어요."

"배고프고 졸려요."

"얼른 별장으로 가요!"

이렇게 아이들 마음이 서로 잘 통한 적은 처음인 것 같았다. 해결 선생님은 껄껄 웃으며 말했다.

"뭐라고? 별장? 하하하. 너희들이 아직 꿈을 덜 깬 모양이구나."

해결 선생님의 말에 모여 있던 마을 어른 한 분이 앞으로 나서며 말씀하셨다.

"이리 따라 오시라예. 저희가예, 어제 마을 회관 청소를 아주 깨끗하게 해 놨습니다. 가서 편히 쉬시고 계시라예. 마을 아주머니들께서 금세 저녁상 차려 드릴 거라예."

별장이 아니고 마을 회관? 별장 이름이 마을 회관 별장인가? 아이들은 서로를 멀뚱멀뚱 쳐다보았다.

"아닙니다, 어르신. 마을 회관을 내주시는 것만으로도 큰 폐를 끼치는 것 같아 죄송스러운데요. 식사는 걱정하지 마십시오. 저희가 다 준비해 왔습니다. 오늘은 아이들이 피곤할 테니 일찍 재우고 내일 아침에 이곳으로 다시 오겠습니다."

마을 회관은 그냥 휑하게 넓은 방이었다. 한 구석에 조그마한 텔레비전과 마이크가 딸려 있는 기계와 높이 쌓인 이불, 그게 다였다.

침대도 있고 벽난로도 있는 별장을 상상했던 아이들은 입이 한 뼘씩은 나왔다.

하지만 아이들 기분과는 상관없이 해결 선생님은 뭐가 그리 신이 났는지 계속 콧노래를 부르며 쌀을 씻고 찌개를 끓이느라 분주하셨다.

버스 짐칸에 낑낑대고 실었던 아이스박스 안에는 갖가지 반찬이며 찌갯거리들이 가득했다.

아이들은 묻고 싶은 게 산더미 같았지만 꼬르륵거리는 배 속부터 달래야 했다. 해결 선생님이 시키는 대로 호박을 썰고 반찬을 담고 하여 밥상이 다 차려지자 아이들은 정신없이 먹기 시작했다.

배부르게 먹고 난 후 정신이와 몇몇 아이들은 설거지를 도왔다. 실거지가 끝나고 방으로 가 보니 아이들은 이리저리 뒤엉켜 곯아떨어져 있었다.

정신이도 다른 아이들처럼 이번 여행에 대해 궁금한 게 많았지만 오늘 밤은 그냥 푹 자 두기로 하고 한구석에 몸을 누였다.

인정받으려면 일을 해야 한대요

쨍쨍쨍. 쨍쨍쨍. 쨍쨍쨍.

"어서들 일어나! 해가 중천에 떴다, 이 녀석들아!"

해결 선생님은 찌그러진 양은 냄비 뚜껑을 숟가락으로 두드리며 정신없이 곯아떨어진 아이들을 깨우기 시작했다.

제일 먼저 눈을 뜬 정신이가 흘끗 창밖을 보았다. 밖은 아직도 어둑어둑한데 해가 중천이라니.

아이들은 얼굴을 찌푸리며 하나둘씩 일어났다.

어제 도착하여 마을 어른들께 인사를 드렸던 정자 앞에 다시 모인 아이들은 아직 잠이 덜 깬 눈을 하고 있었다. 마을 회관을 안내해 주셨던 분께서 반갑게 해결 선생님과 아이들을 맞아 주셨다.

"아니, 참말로 이러지 않으셔도 되는데예. 저희 식구들끼리 해도 충분한데예. 괜히……."

"아닙니다. 아직 어린 아이들이라 큰 도움은 안 되겠지만 마을 회관도 내주시고 여러모로 신경 써 주시니 작게나마 손을 좀 보태겠습니다."

아이들은 선생님이 무슨 말을 하는지 몰랐지만 앞장선 아저씨와 선생님을 따라 걸음을 옮겼다.

아이들 이마에는 땀방울이 송글송글 맺혔다. 정신이도 작은 종이봉투에 배를 조심스럽게 싸며 한 손으로 허리를 짚었다. 이렇게 허리가 아플 정도로 일을 해 본 적이 없었던 아이들은 벌써 저만치 앞에서 작업을 하고 계시는 어른들을 쳐다보았다.

봉래마을은 배 농사를 주로 하는 고장이었다. 여기저기 넓게 펼쳐진 과수원은 한눈에 보기에도 마을 사람들만으로도 일손이 충분치 않을 것 같았다.

아이들은 얼떨결에 마을 아저씨께 일하는 방법을 배우고 일을 시작했지만 여기저기서 조금씩 힘들다는 불평이 터져 나오기 시작했다. 하지만 해결 선생님은 아이들의 볼

멘소리를 못 들으시는 건지, 듣고도 못 들은 척하시는 건지 묵묵히 일만 하셨다. 마을 아주머니께서 주신 새참을 정신없이 먹어 치우고 나자 아이들은 나무 아래 모여 앉아 불만을 털어놓기 시작했다.

"아이 참, 우리 모두 속은 거야! 여행이라고 해 놓고 우리를 실컷 부려 먹고. 차라리 공부를 하는 편이 낫겠어. 난 집으로 돌아갈래!"

준희가 입을 열었다. 여기저기서 찬성한다는 소리가 터져 나왔다. 그때 저쪽에서 수건으로 얼굴에 맺힌 땀을 닦으며 걸어오는 해결 선생님이 보였다. 아이들은 너 나 할 것 없이 이번 여행이 부당함을 토로하기 시작했다.

한참을 잠자코 듣던 해결 선생님이 입을 열었다.

"좀 전에 준희가 여기서 일을 하느니 서울로 돌아가서 공부를 하는 게 낫겠다고 이야기했지?"

준희는 입을 꾹 다물고 아무 대답도 하지 않았다. 사실 화가 나서 마구 내뱉은 말이지, 일하는 것만큼이나 공부도 싫기는 마찬가지였다.

"그럼 선생님이 너희에게 질문 하나 할까? 너희는 공부를 왜 한다고 생각하니?"

다들 뭐 그런 걸 질문이라고 하시냐는 듯 한마디씩 했다.
"시험 성적 잘 받으려고요."
"성공하려고요."
"안 하면 엄마한테 혼나요!"
아이들 모두 까르르 웃었다. 선생님도 웃으시며 말씀하셨다.
"너희들 처음에 시골 여행 한다고 했을 때 다들 기대가 컸지? 그런데 이곳에 와서 힘들게 일을 하게 되니 '왜 우리가 이런 일을 해야 하나.' 하고 화도 나고 짜증도 날거야. 그럼 지금부터 선생님이 왜 너희들을 여기까지 데려와서 이렇게 힘든 일을 하게 했는지 들어 보렴. 전에 언젠가 선생님이 헤겔이라는 철학자에 대해 이야기한 적 있지?"
헤겔이라는 말에 아이들은 또 무슨 어려운 얘기를 하시려나 하고 걱정하는 얼굴로 선생님을 쳐다보았다.
"헤겔은 노동이라는 것에 큰 의미를 부여한 철학자였어. 헤겔은 생각했지. 사람은 다른 동물과 달리 본능적인 욕구 충족에 만족하지 않고 계속해서 새로운 욕구를 만들어 가는 존재라고. 세상 모든 사람은 자신의 욕구만을 채우기 위해 자신이 옳다는 것을 인정받으려고 투쟁을 하지. 그러나 서로 자신들의 주장이 옳다며 '나는 나다. 그러니까 나를 인정해 달라!' 이렇게 외친다고 사람들이 나를 인정해 줄까? 그렇지 않지? 다른 사람에게 인정을 받으려면 무엇인가를 해야 해. 일을 해야 하는 거지. 즉 사람들은 노동을 통해 다른 사람들로부터 인정을 받을 수 있어. 사람들은 노동을 해서 자기가 쓸모 있는 사람이라는 것을 보여 줘야 해. 너희가 중요하게 생각하는 공부는…….”

갑자기 여기저기서 피식하는 웃음소리가 들렸다. '우리들 중에 공부를 중요하게 생각하는 사람이 있었나?' 하는 웃음 같았다. 선생님께서는 못 들은 척 다시 입을 여셨다.

“시험 성적을 잘 받으려는 것, 성공하려는 것도 너희가 다 부모님께, 선생님께, 더 크게는 사회에서 인정받길 원하기 때문인 것처럼 노동 또한 일을 통해서 사람이 자신을 하나의 인격으로 인정받는 길인 것이지. 헤겔은 서로 상대에게 인정받기 위한 사람들 사이의 투쟁이 사람들을 보다 높은 정신 수준에 이르게 한다고 보았단다.”

선생님은 목이 마르셨는지 누런 양은 주전자 주둥이를 입에 대고 벌컥벌컥 소리를 내며 물을 마셨다.

“우리가 사는 사회에는 이렇게 다양한 욕구를 가진 개개인들이 서로 관계를 맺으며 살아간단다. 그래서 헤겔은 사회의 역할과 국가의 역할이 무엇보다 중요하다고 보았어. 사회는 그 안에서 노동하며 살고 있는 사람들의 서로 다른 욕구를 연결해 주고 만족할 수 있도록 도와야 한다고 여겼어. 그리고 개인의 자유로운 활동을 보장해 주기 위해 법으로써 개개인의 소유권을 보호해 주어야 한다고 보았단다. 헤겔은 모든 사람의 자유가 실현될 수 있는 국가 안에서만 사람의 타락한 정신이 부활할 수 있다고 했지. 헤겔이 정신을 얼마나 중요하게 생각했는지는 전에 지겹도록 들었지?"

"네!"

아이들은 정신이가 처음 공부방에 왔을 때 정신이 있니 없니 하며 놀려 대다 해결 선생님께 물리도록 정신의 중요성에 대해 들은 것이 생각났는지 한목소리로 크게 대답했다.

정신이는 얼굴이 빨개지는 걸 느꼈다. 헤겔도, 해결 선생님도, 이제 아이들까지도 정신의 중요성을 안다니 배시시 웃음이 나왔다.

"자, 그럼 이제부터 우리의 정신을 더 높은 수준으로 끌어올려 볼까? 다들 엉덩이 털고 일어낫!"

"네!"

이번에도 역시 아이들은 한목소리로 대답을 하고는 자리를 털고 일어섰다.

다시 어린 배를 하나하나 정성스럽게 종이봉투로 감싸는 아이들의 손에서는 전과 다르게 일하는 즐거움이 가득 묻어났다.

네 생각은 어때?

해결 선생님은 공부방 아이들과 시골 여행을 가서 힘들게 일하며 헤겔이 이야기한 노동의 중요성에 대해 설명해 줍니다. 헤겔이 이야기한 노동의 중요성과 노동을 해야 하는 이유에 대해 적어 보세요.

▶풀이는 214쪽에

도영이의 눈물

　공부방 아이들이 시골에 온 지도 벌써 나흘째가 되었다. 낮에는 일하고 밤에는 해결 선생님, 마을 어른들과 함께 회관에 모여 앉아 이런저런 유익한 얘기를 들었다. 밤이 되면 아이들은 텔레비전을 켜 볼 틈도 없이 곯아떨어지곤 했다.
　그런데 정신이는 오늘 이상하게도 잠이 오지 않았다. 좀 전에 사람들이 모인 자리에서 헤겔의 진정한 자유에 대해 선생님께서 해 주신 이야기도 다시 곱씹으며 자려고 노력했지만 허사였다.
　'너희가 진짜로 원하는 게 뭐냐?'
　선생님의 말씀이 머릿속에서 맴돌았다.

정신이는 조용히 마당으로 나갔다. 풀벌레 소리가 요란스러웠다. 그러나 도시에서 듣는 소음과는 비교할 수 없는 정겨운 소리였다.

이런저런 생각을 하며 툇마루에 앉아 발을 퉁기고 있는데, 저쪽 울타리 근처에 누군가가 어슬렁거리는 게 보였다.

도영이었다. 정신이는 다른 아이들이 깰까 봐 조용히 도영이를 불렀다. 도영이는 잠시 머뭇거리다가 정신이 옆으로 와서는 툇마루에 앉았다.

도영이는 봉래마을에서 태어나 학교 갈 때를 빼고는 이제껏 마을 밖으로 나가 본 적이 없는 아이였다. 도영이네 부모님은 작은 과수원을 하신다. 도영이는 공부방 아이들이 온 후부터는 밤마다 회관으로 와서 같이 선생님 얘기를 듣다가 가곤 해서 공부방 아이늘도 모두 도영이를 살 알고 있었다.

"너 왜 오늘은 회관에 안 왔니?"

정신이가 조심스럽게 물었다. 따로 이야기를 해 본 적도 없는데 자신도 모르게 도영이를 불러 놓고 마땅히 할 말이 생각나지 않자 정신이는 조금 후회를 했다.

"그냥. 재미도 없고……."

여전히 땅을 내려다보며 도영이가 말했다.

거짓말. 그건 거짓말이었다. 도영이는 다른 누구보다도 해결 선생님이 말씀하실 때 두 눈을 반짝이며 귀 기울여 듣던 아이였다. 하지만 본인이 아니라는 데에야 더 이상 할 말이 없어진 정신이는 가만히 눈을 내리깔고 땅을 보았다.

"난 우리 반에서 반장인데, 넌 공부 잘하냐?"

갑작스럽게 도영이가 얼굴을 쳐들며 물었다. 정신이는 눈만 껌벅거릴 뿐 아무 말도 하지 못했다.

"서울 애들은 이것저것 배우러 학원도 많이 다니고, 큰 서점에 가서 책도 많이 사서 읽고 한다면서? 그럼 너도 공부 잘하냐고?"

정신이는 도영이가 마을 회관에서 어른들이나 선생님께 하던 행동을 보고 똘똘하고 예의 바른 줄 알았는데 아주 밥맛이구나 싶었다.

"나는 엄마도 안 계시고 형편도 그렇게 좋지 못해서 학원도 많이 못 다녀 봤고, 큰 서점에도 별로 안 가 봤다! 그래서 공부도 못한다! 어쩔래? 어쩔래? 박도령!"

정신이는 냅다 소리를 지르고 도영이를 째려보았다. 그런데 맥 빠지게 도영이가 피식 웃었다.

"내 별명은 어떻게 알았냐? 그리고 공부 못하는 게 자랑이냐?"

말은 퉁명스럽게 했지만 좀 전처럼 쌀쌀맞은 느낌은 없었다. 정신이는 괜히 소리를 지른 것이 머쓱하기도 하고, 엄마가 없다는 얘기는 뭐 하러 했나 싶어 얼굴이 발개졌다.

"애들이 다 그렇게 부르더라 뭐. 어른들도 그러시고."

도영이는 공부도 잘하고, 어른들에게도 예의 바르고, 얼굴도 똘똘하게 잘생겨서 마을 사람들 모두 도영이의 이름을 따서 박도령이라고 불렀다.

정신이는 '정신'이 있니 없니 하는 자신의 이름에 비하면 '도영'은 얼마나 좋은 이름인가 하는 생각이 들었다.

"너는 공부도 잘하고, 어른들도 다들 칭찬하니 좋겠다."

정신이는 도영이에게 진심으로 부러운 마음을 내비쳤다. 그런데 도영이의 얼굴이 다시 냉랭해지는 것 같았다.

"마을 어른들이 아무리 나를 예뻐하고 공부 잘한다고 칭찬을 해도 나는 여기가 지긋지긋해!"

도영이의 말에 정신이는 또 할 말을 잃었다. 참 복잡한 아이라는 생각이 들었다.

"왜 오늘 마을 회관에 오지 않았냐고 했지? 너희들이 온 후부터 난 이 시골구석이 더 싫어졌어. 나도 너희들처럼 내가 하고 싶은 걸 마음껏 하며 자유롭게 살고 싶어. 난 항상 과수원 일에 바쁜 부모님 때문에 틈만 나면 과수원 일도 돕고, 동생도 돌봐야 하고……. 나도 부모님이 서울 사람들처럼 깨끗하게 차려입고 출근하는 일을 하셨으면 좋겠어. 너희들처럼 학교 끝나면 방과 후 활동도 하고 싶고, 큰 도서관에 가서 책도 보고 싶어. 그리고 너희들처럼 가끔은 엄마, 아빠랑 좋은 곳에 가서 외식도 하고 놀이공원에도 갔으면 좋겠어. 너희들처럼……."

도영이는 숨도 안 쉬고 이야기를 하다가 갑자기 고개를 푹 숙였다. 도영이의 신발 위로 눈물이 뚝뚝 떨어졌다. 정신이는 너무 당황스러워서 어찌할 바를 몰랐다. 서울에 산다고 원하는 걸 다 하는 건 아닌데, 서울에 산다고 외식을 자주 하고 놀이공원에 자주 가는 건 아닌데…….

그런데 이런 얘기를 어떻게 해 줘야 하지? 아! 해결 선생님이라면 이럴 때 뭐라고 하셨을까?

정신이는 그 짧은 순간 머릿속에서 모터가 휑휑 돌아가는 소리가 들리는 것 같았다.

하고 싶은 대로 하는 건
진정한 자유가 아니야

그때 갑자기 정신이는 번쩍하고 정신이 드는 것 같았다. 바로 오늘 저녁 해결 선생님께서 해 주신 이야기가 생각났기 때문이다.

'과연 선생님 말씀을 내가 잘 전달할 수 있을까?'

걱정이 되었지만 마음이 통한다면 충분히 자신의 뜻을 알아줄 거란 생각이 들었다.

"박도영! 네가 진짜로 원하는 게 뭐냐?"

정신이는 배에 힘을 꽉 주고 도영이의 눈을 똑바로 쳐다보며 물었다.

'그래, 잘하고 있어. 분명 해결 선생님도 이 질문으로 애

기를 시작하셨어.'

도영이는 조금 전에 정신이가 그랬던 것처럼 눈만 껌벅 거릴 뿐 아무 말도 없었다.

"좋아, 그럼 질문을 조금 바꿔 볼게. 네가 정말 하고 싶다고 생각하는 것들이 정말 네가 하고 싶은 거니?"

"……."

도영이는 슬슬 짜증이 나는 것 같았다.

"나 집에 가야겠다."

어라. 이게 아닌데.

"가긴 어딜 가? 사람이 물어보면 대답을 해야 할 것 아냐!"

"야! 내가 하고 싶다고 생각하는 게 내가 하고 싶은 거지. 그럼 네가 하고 싶은 거냐! 질문 같은 질문을 해야 답을 하지!"

"잠깐만, 가기 전에 내 얘기 좀 들어 봐. 내가 지금부터 하는 얘기는 사실 오늘 저녁에 해결 선생님께서 해 주신 헤겔의 진정한 자유에 대한 얘기야."

해결 선생님과 헤겔이라는 말에 도영이는 다시 자리에 앉았다. 도영이는 그동안 해결 선생님께서 들려주신 헤겔의 정신 이야기며 변증법 이야기들을 너무 재미있게 들었고, 그런 선생님과 같이 지낼 수 있는 공부방 아이들이 매우 부러웠던 참이었다.

"음, 그러니까, 우리가 하고 싶은 것, 원하는 것을 욕구라고 하지? 그 욕구를 다 모은 것을 헤겔은 '욕구의 체계'라고 불렀어. 그렇다면 너의 욕구의 체계는 어디에서 생겼을까?"

도영이는 진지하게 생각에 잠겼다. 하지만 선뜻 대답하지 못했다. 다시 정신이가 입을 열었다.

"아까 네가 그랬지? 서울 아이들처럼 학교 끝나면 방과 후 활동도 하고 싶고, 큰 도서관에 가서 책도 보고 싶고, 외식도 하고, 놀이공원에도 갔으면 좋겠다고. 그럼 너의 욕구는 너의 내부에서 생긴 것이 아니라, 주변 사람들의 영향으로 만들어진 것이라고 볼 수 있겠지?"

이번에도 도영이는 아무 말이 없었다. 똘똘한 도영이가 정신이가 하려고 하는 말을 이해 못 했을 리는 없었다.

"예를 들어, 자동차가 생기기 전에 사람들은 자동차를 갖고 싶다는 생각조차 하지 않았을 거야. 자동차가 생기고 너도나도 자동차를 타는 걸 보고는 나도 자동차를 갖고 싶다고 생각하게 된 거지. 그리고 그 대상도 사회가 변하면서 다양하게 변할 거고. 사회 안에서 어떠한 교육을 받았느냐에 따라서도 달라질 거야. 헤겔 선생님 말씀에 따르면, 헤겔은 하고 싶은 것을 마음대로 하는 자유는 사실상 우리 자신이 원하는 자유가 아니라, 우리 시대의 사회적, 역사적인 힘들에 의해 이리저리로 떠밀려 다니는 자유일 뿐이라고 했어. 우리는 한 특정한 역사적 시기에 한 특정한 사회에 살고 있기 때문에 그 사회와 시대의 영향을 받고 있는 거라는 말이야."

휴. 숨도 안 쉬고 이야기를 한 정신이는 이제 생각났다는 듯이 숨을 몰아쉬었다. 자신이 마치 해결 선생님이 된 것 같았다. 도영이를 위해 이야기를 하고는 있었지만 정신이의 마음도 차분하게 정리가 되는 느낌이 들었다.

"너 공부 못한다더니 거짓말이구나."

도영이가 씨익 웃었다. '참 잘생긴 아이구나.' 하고 생각하자 정신이 얼굴이 빨개졌다.

"그런데 사람의 욕구가 다 사회 환경에 의해 만들어지는 것만은 아닌 것 같은데? 예를 들어, 식욕 같은 건 배워서 생기는 욕구가 아니잖아. 헤겔이 그런 얘기는 안 했대?"

역시 똘똘한 녀석이라는 생각을 하며 정신이가 다시 입을 열었다.

"왜 안 했겠어? 헤겔은 네가 말한 것처럼 우리가 선택할 수 없는 선천적 욕구나 사회적 힘에 의해 만들어진 욕구대로 행동하는 것 모두 진정한 자유가 아니라고 말했대. 흔히 사람들은 하고 싶은 것을 마음대로 할 수 있을 때 자유롭다고 말하지만 이러한 자유는 매우 소극적인 자유라는 거야. 환경에 의해 그때그때 변하는 자유를 진정한 자유라고 할 수는 없지 않겠어?"

"그럼 진정한 자유에 이르기 위해서는 모든 욕구를 없애야 한다는 거네?"

정신이의 말이 끝나자마자 도영이가 바로 물었다. 선생님 말씀을 놓치지 않고 듣길 잘했다고 생각하며 정신이가 말했다.

"맞아, 진성한 사유에 이르기 위해서는 모든 욕구를 없애야 한다고 말한 칸트라는 철학자가 있대. 해결 선생님 말씀에 의하면, 헤겔은 칸트라는 철학자한테 많은 영향을 받았대. 칸트는 사람의 이성이 모든 욕구를 제거하여 결국에는 내가 원하는 것이 모든 사람들이 원하는 것이 되도록 일치시켜야 한다고 생각했고, 그것이 이성에 맞는 행동이라고 보았대. 그래서 칸트는 사람으로서 마땅히 해야 할 의무들을 함으로써 사람이 자유롭게 된다고 했고."

정신이는 계속 설명을 이어 갔다.

"그런데 헤겔도 기본적으로는 칸트의 이성과 보편적 의무에 대해 찬성했지만 모든 욕구를 다 제거해야 한다는 주장에는 찬성하지 않았대. 사람이 자신의 욕구를 충족시키는 것도 매우 중요한 일이니까 말이지."

도영이가 갑자기 생각이 많아지는 것 같았다. 내가 원하는 것과 이성에 따른 보편적 의무를 다하는 것. 그 사이에서 자신의 꿈에 대해 생각하고 있는 것 같았다.

"그러니까 결론적으로 진정한 자유는 개인의 이익과 사회가 요구하는 공동의 가치가 잘 어우러질 때 얻어진다는 거야. 예를 들어, 우리나라에서는 성인 남자가 군대에 가는 것이 의무잖아. 그런데 가끔 보면 연예인들이 군대에 안 가려고 이런저런 핑계를 만드는 경우가 있지. 고생해서 스타가 됐는데 군대에 다녀와서 인기가 사라질까 봐 걱정도 되고 뭐 그래서겠지. 하지만 지금의 인기에 연연하지 않고 훌륭하게 군 생활을 마치고 나서 더 큰 인기를 얻는 연예인들도 있잖아. 그런 사람들도 모두 잠시 자신이 원하는 것을 접고 자신이 속한 사회의 가치에 충실했기 때문에 더 많은 사람들에게 사랑도 받고 스스로에게 더 떳떳하고 자유로울 수 있는 거 아닐까?"

"나 그만 집에 가야겠다. 얘기 잘 들었다. 잘 자."

정신이의 얘기가 채 끝나기도 전에 도영이가 벌떡 일어났다. 뭔가 생각난 듯이 허겁지겁 뒤도 안 돌아보고 집으로 뛰어가는 도영이를 보며 정신이는 싱긋 웃었다.

밤하늘에 별이 쏟아질 듯 촘촘했다.

정신이는 시골에서 만난 친구인 도영이에게 헤겔의 진정한 자유에 대해 들려줍니다. 헤겔이 이야기한 진정한 자유에 대해 적어 보세요.

▶풀이는 215쪽에

꼭 다시 만나!

공부방 아이들이 처음 도착했을 때보다 더 많은 마을 어른들이 오늘도 정자 옆에 주욱 둘러서 계셨다.

공부방 아이들 손에는 말린 나물이며 과일, 깨 같은 것들이 담긴 꾸러미가 들려 있었다. 아이들은 그동안 친해진 마을 친구들과 어르신들에게 인사하느라 연신 허리를 굽혔다가 손을 잡고 흔들기를 반복하고 있었다. 어느덧 일주일이 흘러 서울로 돌아갈 시간이 된 것이었다.

처음에는 일도 힘들고 화장실 가는 것도 괴로웠는데, 이제는 밤하늘에 별들을 두고 가야 하는 것도, 개구리 소리를 못 듣게 되는 것도 너무 아쉽기만 했다.

"또 오거라. 언제라도 환영이다! 허허허!"

마을 어르신이 하얀 수염을 쓰다듬으며 말씀하셨다.

"폐만 끼치고 갑니다. 괜히 일손 덜어드린답시고 일만 더 벌린 건 아닌지 죄송스럽습니다, 어르신. 우리 아이들이 많이 배우고 많이 느끼고 갈 수 있게 해 주셔서 너무 감사합니다."

해결 선생님께서는 연신 허리를 굽혀 어르신들에게 인사를 하셨다.

정신이는 여기저기 인사를 하는 중에도 도영이의 모습을 찾았다. 그러나 어디에도 도영이의 모습은 보이질 않았다.

아이들과 선생님은 인사를 하느라 늦어진 발걸음을 재촉해 터미널로 가는 버스를 타러 마을에 하나뿐인 정류장으로 향했다.

'끝까지 안 나타나네.'

정신이는 서운한 마음에 계속 뒤를 돌아보며 앞서 걷는 아이들의 꽁지를 뒤따르고 있었다.

그때 저기 앞에서 도영이의 목소리가 들렸다.

"야, 정신이 없냐?"

아이들은 일제히 뒤를 돌아 정신이를 가리켰다.

"정신 있다!"

"그래, 정신이 여기 있다!"

정신이가 큰 소리로 대답했다. 참으려고 해도 입꼬리가 자꾸 올라갔다. 도영이를 보고 갈 수 있어서 너무 좋았다. 정신이 앞으로 다가오는 도영이 손에는 봉투가 하나 들려 있었다. 도영이는 정신이에게 봉투를 내밀며 말했다.

"연애편지 같은 거 아니니까 기대하지 마라. 어제 네 얘기 듣고 밤새 적은 거야. 내가 정말 이루고 싶은 내 꿈 열 가지."

솔직히 짧은 순간, 연애편지일까 생각 안 한 건 아니지만 콕 찍어 그렇게 말하는 도영이가 얄미웠다.

"너 왕자병이구나. 박도령! 그리고 네 꿈 얘기 적은 걸 왜 나를 주니?"

정신이는 괜한 민망함에 톡 쏘아붙이고는 봉투는 받지도 않고 눈을 흘겼다.

"네가 어제 그랬지. 진정한 자유는 자신의 욕구도 중요하지만 사회가 요구하는 공동의 가치와 잘 어울릴 때 얻어진다고. 그래, 나는 더 넓고 더 큰 세계로 나가기 위해 지금 내 자리에 충실하기로 했어. 사랑하는 가족을 돕고 나를 아껴 주는 마을 어른들에게도 잘하고, 반장인 나를 믿고 따르는 반 아이들을 잘 이끌고…….”

"으……응.”

반장이 뭐 그렇게 큰 벼슬이라고. 정신이는 웃음이 나오려는 걸 꾹 참았다. 도영이의 얼굴이 너무나 진지했기 때문이었다.

"내가 태어나고 내가 자라난 이 마을에서 내가 할 수 있는 일을 열심히 할 거야. 그리고 나중에 도시로 나가 더 열심히 공부해서 우리 마을을 서울보다, 아니 세계 어느 마을보다 살기 좋은 곳으로 바꿀 거야! 그때까지 네가 이걸 가지고 있어 줘. 내가 과연 내 꿈을 이루는지, 못 이루는지 네가 나중에 판단해 주길 바란다.”

도영이는 다시 봉투를 내밀었다. 정신이는 봉투를 받아 들었다. 어떤 편지보다도 그리고 어떤 선물보다도 의미가 큰 봉투라는 생각이 들었다.

"좋아, 꼭 그렇게. 나도 너한테 하고 싶은 말이 있어. 너랑 얘기할 수 있어서 너무 고마웠어. 너 때문에 나도 나의 꿈에 대해서 생각해 볼 수 있게 되었어.”

그때 멀리서 흙먼지를 날리며 달려오는 버스가 보였다. 저만치 가 있던 아이들이 빨리 오라며 정신이를 불렀다.

"잘 지내라."

"잘 있어."

도영이와 정신이는 악수를 했다. 언제 다시 볼 수 있을지는 모르겠지만 인사치레로라도 또 보자는 말 한마디 없는 도영이가 조금 야속하긴 했다.

버스는 아이들을 태우고 다시 흙먼지를 일으키며 마을을 뒤로하고 떠났다.

도영이의 모습이 멀어져 갔다.

정신이는 창밖을 내다보다 도영이가 준 봉투를 들고 잠시 머뭇거렸다.

'간직하고 있으라고 했지, 열어 보라고는 안 했는데……'

정신이는 잠시 고민하다 봉투를 열어 보았다. 봉투는 풀로 붙여져 있지 않았다.

1. 내년에도 열심히 공부해서 반장 될 것

정신이는 도영이의 반장에 대한 집착이 너무나 우습기도 하고 귀엽기도 했다. 1번에서 10번까지 또박또박 써 내려간 도영이의 꿈을 훔쳐보는 게 살짝 미안하기도 했지만 너무 재미있었다. 그리고 마지막 열 번째 꿈을 읽고 정신이는 행복하게 미소 지으며 창밖 시골 풍경을 오래오래 눈에 담았다.

10. 꼭 훌륭한 사람이 돼서 정신이 다시 만나기!

철학자의 생각

개인의 자유는
국가 안에서 실현된다

자유는 개인 욕구와 사회 요구가 함께 충족될 때 얻어진다

헤겔은 내가 하고 싶어 하는 욕구는 나의 내부에서 생기는 것이 아니라, 다른 사람들이 만들어 놓은 도구에 의해 생긴다고 생각했습니다. 예를 들면, 사람들은 마차가 생겨나기 전에는 마차를 타고 싶은 욕구가 없었을 테지요. 마차가 생긴 후 사람들은 마차를 타고 싶은 마음이 생긴 것입니다. 자동차가 없었을 때도 마찬가지입니다. 자동차가 없는데 어떻게 자동차를 타고 싶은 욕구가 생길 수 있겠어요? 그리고 이러한 욕구들은 대상이 바뀌면서 자꾸 변하게 됩니다.

내가 하고 싶은 것은 본디 내 마음에서 생기는 것이 아니라, 내 주변 상황에 따라 나의 욕구가 정해지는 것이라고 할 수 있답니다.

나에게 부족한 것과 하고자 하는 욕구는 우리가 살고 있는 사회의 영향으로 만들어진 것이고 내가 성장, 변화하면서 나타나는 단계일 뿐입니다. 그래서 앞서 이야기한 '하고 싶은 것을 마음대로 하는' 자유는 사실상 우리 자신이 원하는 자유가 아니라, 우리 시대의 사회적이고 역사적인 힘들에 의해 이리저리로 떠밀려 다니는 자유입니다.

우리는 한 특정한 역사적 시기에 한 특정한 사회에 살고 있기 때문에, 그 사회와 시대의 영향을 받고 있는 거랍니다. 헤겔이 살았던 프로이센은 군주와 몇몇 권력을 가진 영주들이 지배하는 군주국이었습니다. 국민의 대표인 국회도 없었고, 시민들의 요구는 받아들여지지 않았으며, 검열은 매우 엄격했습니다. 이러한 상황에서 헤겔은 자유를 궁극의 목표로 내세웠답니다.

칸트는 이성에 따르는 행동만을 자유로운 행동이라고 했습니다. 이성에 따르는 행동이란 개인이 하고 싶어 하는 행동이 아니라, 모든 사람들은 하고 싶어 하는 것을 하는 행동을 말합니다. 다시 말하면, 내가 하고 싶은 행동이 다른 모든 사람들이 원하는 법칙과 일치할 때, 그것이 이성에 맞는 행동이고 따라서 자유가 되는 것입니다. 칸트의 생각은 '의무에 의한 의무'라는 말로 요약됩니다. 칸트가 말하는 진정한 자유란 결국 의무를 다하는 거랍니다.

그러나 헤겔은 욕구를 제거해야 한다는 칸트의 의견에 찬성하지 않았습니다. 사람이 무엇인가를 하려면, 욕구에서 출발해야 한다는 사실을 부인할 수 없기 때문입니다. 그러나 이 욕구는 보편적인 것이 되어야 합니다. 나와 비슷한 상황에 놓인 모든 사람이 그 욕구를 행동하기로 원하는 경우에만, 그 욕구에 따라 행동하라고 요구할 수 있다는 것입니다. 헤겔은 자유를 추구하는 것은 자신의 만족을 떠나 이룰 수 없으며, 진정한 자유는 자기만족과 자유의 통일성 속에서 변증법적으로 찾을 수 있다고 했습니다. 따라서 진정한 자유는 개인의 이익과 사회가 요구하는 공동의 가치가 잘 어우러질 때 나타나는 것입니다.

노동은 타인과 사회로부터 인정받기 위한 행위

사람들이 자연 상태에서나 자유롭게 살 수 있다는 루소의 생각에 헤겔은 반대했습니다. 왜냐하면 사람들의 욕구는 동물과 달리 사회 변화에 따라 새롭고 다양한 형태로 변화하기 때문입니다. 사람들이 자연 상태에서 산다고 해서 자유로울 수는 없다고 생각한 것입니다. 사람들은 동물과 달리 본능적인 욕구 충족에 만족하지 않고, 자신의 욕구를 변화시키고 증대시켜 나가기 때문입니다. 자꾸 새로운 욕구를 만들어 가는 것이 사람이랍니다.

　사람들은 서로 반대하며 싸우는 행태를 통해, 서로 자신들의 주장이 옳다고 하면서 '인정'받으려는 투쟁을 합니다. 다른 사람에게 인정받으려면 어떻게 해야 할까요? 노동을 통해 사람들은 다른 사람들로부터 인정받을 수 있습니다. 사람들은 노동을 통해 자기가 누구라는 것을 보일 수 있다는 말입니다.

　헤겔이 생각하는 노동을 학생들이 하는 공부와 비교해 보면, 공부는 아직 노동이라 할 수 없습니다. 다만 노동을 위한 준비 단계라 할 수 있습니다. 물론 학생들은 공부를 통해 선생님에게 인정받을 수는 있지만, 학교의 인정이 곧 사회의 인정은 아니기 때문입니다.

　사람들은 노동을 하기 위해 어떻게 해야 할까요? 먼저 그 일을 배워야 합니다. 일을 배우면서 사람들은 자신이 하고 싶은 것을 중단하고 그 일에 매달려야 합니다. 그래서 그 일에 자신을 익숙하게 만들고, 이윽고 만들어진 일을 통해서 다른 사람에게 인정을 받는 것입니다. 이렇게 사람들은 일과 노동을 통해 자신의 정신을 높여 가고 동시에 자연과 투쟁해 나가는 거랍니다. 이 과정이 자유로 나아가는 길이기도 합니다.

국가는 노동하는 개인의 소유권을 보호한다

사람이 노동을 통해 자유를 원하는 것은 결국 한 시민으로서 한 국가 안에서 자신을 만들어 가는 일입니다. 그래서 노동을 이야기 하려면, 시민과 국가의 관계를 말할 수밖에 없습니다. 시민들이 사는 사회는 자유행동을 하는 개인들의 욕구로 이루어져 있기 때문에, 헤겔은 사회를 '욕구의 체계'라고 했습니다. 사회 안에서 사람들은 욕구에 의해 다른 사람과 밀접한 관계를 맺고 있습니다. 헤겔은 시민 사회가 다음과 같이 중요한 일을 하고 있다고 했습니다.

첫째, 사회 안에서 사람들은 노동을 하며, 사회는 서로의 욕구를 연결해 주고 만족시키는 일을 한다.

둘째, 사회는 사람들이 자유롭게 활동하도록 서로 가진 것을 보장해 주는 일을 한다.

셋째, 사회는 더 나은 사회를 위해 노력하며, 여러 단체의 특수한 이해를 공동의 이해로 조화시키는 일을 한다.

사람들은 타인이 만든 노동의 성과를 가지고 사회 안에서 서로의 욕구를 해결해 나갑니다. 서로가 원하는 욕구를 해결해 나가는 과정에서 가장 중요한 것은 서로의 소유권을 인정하는 것입니다. 그래서 현실에서 자유란 결국 얼마를 소유하고 있는가 하는 것과 같은 것입니다. 따라서 시민 사회에서 법이 해야 할 가장 중요한 일은 개인들이 갖는 소유권을 보호해 주는 것입니다. 이러한 일은 바로 국가만이 할 수 있는 일이랍니다. 왜냐하면 시민 사회 안에서 개인과 개인은 다만 외적으로 관계하고 정신적으로 서로 만나지 않기 때문에, 방탕한 생활과 빈곤이 지배하는 모순에 빠지기 때문입니다. 프로이센 국가는 헤겔에게 현실적이면서, 동시에 가장 이상적인 국가였습니다.

    헤겔은 "이성적인 것은 현실적인 것이며, 현실적인 것은 이성적인 것이다."라는 유명한 말을 남겼습니다.

즐거운 독서 퀴즈

1 해결 선생님은 다음과 같이 아이들에게 노동에 대한 헤겔의 생각을 들려줍니다. 해결 선생님이 왜 이런 말을 하게 되었을까요? (   )

> 헤겔은 노동이라는 것에 큰 의미를 부여한 철학자였어. 사람은 다른 동물과 달리 본능적인 욕구 충족에 만족하지 않고 계속해서 새로운 욕구를 만들어 가는 존재라고. 세상 모든 사람은 자신의 욕구만을 채우기 위해 자신이 옳다는 것을 인정받으려고 투쟁을 하지. 그러나 서로 자신들의 주장이 옳다며 '나는 나다. 그러니까 나를 인정해 달라!' 이렇게 외친다고 사람들이 나를 인정해 줄까? 그렇지 않지? 다른 사람에게 인정을 받으려면 무엇인가를 해야 해. 일을 해야 하는 거지. 즉 사람들은 노동을 통해 다른 사람들로부터 인정을 받을 수 있어.

❶ 아이들이 공부하기 싫어해서
❷ 아이들이 농촌에서 일하는 것을 투정해서
❸ 놀이공원에서 계속 놀고만 싶어 해서

정답
❷ 아이들이 농촌에서 일하는 것을 투정해서

2 농촌에 사는 도영이는 도시 친구들처럼 놀이공원에도 가고 싶고 부모님이랑 외식도 하고 싶다며 부러워했어요. 그러자 정신이가 다음과 같이 헤겔의 '욕구 체계'에 대해 설명해 줍니다. 정신이의 말을 들은 도영이는 어떤 결심을 하게 될까요?
(　　　　　　　　　)

> 너의 욕구는 너의 내부에서 생긴 게 아니라, 주변 사람들의 영향으로 만들어진 것이라고 볼 수 있어. 예를 들어, 자동차가 생기기 전에 사람들은 자동차를 갖고 싶다는 생각조차 하지 않았을 거야. 자동차가 생기고 너도나도 자동차를 타는 걸 보고는 나도 자동차를 갖고 싶다고 생각하게 된 거지. 헤겔은 하고 싶은 것을 마음대로 하는 자유는 사실상 우리 자신이 원하는 자유가 아니라, 우리 시대의 사회적, 역사적인 힘들에 의해 이리저리로 떠밀려 다니는 자유일 뿐이라고 했어.

❶ 공부를 하지 않기로 한다.
❷ 정신이가 사는 서울에 가기로 결정한다.
❸ 농촌에서 열심히 공부해서 꿈을 이루기로 결심한다.

정답

❸ 농촌에서 열심히 공부해서 꿈을 이루기로 결심한다.

네 생각은 어때? 문제 풀이

43p

알려고 하는 정신을 '욕구하는 정신'이라고도 합니다. 알려지는 정신은 '욕구하는 정신'의 '대상'인 것입니다. 정신은 자기를 알아 가는 과정에서 맨 처음 대상부터 정합니다. 그리고 그 대상을 자기라고 생각한 다음에, 그것을 차츰차츰 자기 것으로 만들어 가는 것이지요. 이 책에서 아이들이 고구마로 옥수수를 만든 것을 예로 들 수 있습니다. 결국 정신이 자기 자신을 안다는 것은 자신을 실현해 가는 것입니다. 처음 정한 대상에서 자신에게 낯선 것을 없애고, 익숙하고 맞는 것으로 변화시켜 가는 것입니다. 조각가가 자신의 생각대로 모양을 만들어 가는 것과 같습니다.

65p

① 숙제를 해야 하는데 평소 너무 좋아하는 만화 〈케로로〉가 텔레비전에서 나옵니다. 그러면 숙제도 해야 하고 만화도 보고 싶어서 어느 것 하나 포기할 수 없겠지요. 이런 경우처럼 어느 한쪽도 버릴 수 없는 상황을 '딜레마'라고 합니다. 시험을 보는 날

모르는 문제가 나왔습니다. 그런데 책상 서랍에 들어 있는 연습장에 그 문제의 답이 쓰여 있는 것이 생각났습니다. 커닝을 할 수도 없고 그렇다고 틀릴 수도 없을 때 딜레마에 빠지게 됩니다.

❷ 정신이 자신을 실현하려 할 때 자신의 내부만 들여다보아서는 아무것도 건질 수가 없습니다. 자신을 알기 위해 정신은 자신의 외부에 있는 세계를 자신의 것으로 만드는 일을 해야 합니다. 세계를 자신의 것으로 만들어 갈 때 정신이 알게 되는 최초의 일은 자신이 스스로 제시한 대상에 대해 불만족하게 생각한다는 것입니다. 그렇다고 해서 그 대상을 사라지게 할 수도 없습니다. 그랬다간 처음부터 다시 시작하게 되기 때문입니다. 이것이 정신이 자신을 실현하려고 할 때 생기는 가장 큰 문제이자 딜레마입니다. 그래서 정신이 찾은 해결 방법은 대상으로써 자꾸 다른 자기의식을 만드는 것입니다. 그리고 거울에 자기 모습을 비춰 보듯 서로 비교해 보고 마음에 들지 않으면 다시 다른 의식을 찾아나서는 것입니다. 그렇기 때문에 정신은 고립되고 갇혀서는 자신을 알 수 없습니다. 정신은 끊임없이 변화하는 것입니다.

 **79p**

❶ 모든 역사는 끊임없이 변화하고 있습니다. 단순히 변화만

하는 게 아니라, 역사는 그 전의 역사보다 더 나은 역사로 나아가고 있습니다. 역사는 과거의 역사보다 더 발전하는 것입니다. 그래서 변화와 발전이 역사를 움직이고 있다고 말할 수 있습니다. 동서양의 모든 역사는 변화와 발전이라는 틀을 벗어날 수 없답니다. 이러한 변화와 발전은 결국 일정한 방향을 향해 나아가는데, 그 방향이 인간의 완전한 자유라는 것입니다. 역사의 진보를 표현한 그림을 보면 일직선으로 올라간 것이 아니라 나선형으로 오르락내리락하고 있습니다. 역사가 늘 좋은 방향으로 진보하는 것은 아닙니다. 그러나 오늘이 어제보다 나쁜 역사일 수도 있지만 역사는 항상 좋은 방향으로 진보하고 있다는 것을 나타냅니다.

❷ 지식 대중화에서 정보 대중화로

인간 자유를 확대한 역사적 사례를 든다면 시민혁명, 시민운동이 있습니다. 그러나 더 근본적인 것은 그러한 운동을 가능하게 한 원동력이 바로 '지식'이었다는 것에 주목해야 합니다. 여기서 지식이란, 현 세계의 모순과 불평등을 바라보고 극복할 수 있는 방법과 나아갈 방향을 제시하는 것입니다.

근대 이후 지식은 지식인에 의해서만 만들어지고 확산되는 것으로 이해되었습니다. 그래서 그것이 또 다른 불평등을 낳았습니다. 즉 지식인이 비지식인을 지배하고, 이 사회의 헤게모니를 직접 장악하거나, 혹은 다른 집단이 장악하게끔 도와주는 역할을 했습니다.

현대에 이르러 진정한 인간 자유의 확대는 바로 지식의 대중화에서 더 나아간 정보의 대중화에 의해 가능하다고 생각합니다. 정보는 지식과 다르게 누구나 공유할 수 있고, 새로운 지식을 만들어 내는 원천으로 활용될 수 있으며, 우리 사회에서 지식인이라 불리는 사람들만이 아닌 대중들도 함께 쌍방향으로 접근할 수 있습니다. 그럼으로써 지식이 하나의 권력으로 사회에서 기능하는 것을 방지할 수 있을 뿐만 아니라, 정치적·경제적 이해나 권력이, 비판과 공론이 살아 있어야 할 시민 사회의 영역에 개입하는 것을 방지할 수 있습니다. 결국 정보의 대중화가 인간의 자유를 확대하는 큰 원인이라고 생각합니다.

116p

우리가 학교에서 배우는 덧셈과 뺄셈, 끄는 힘과 잡아당기는 힘, 결합과 분리 등은 모두 대립 관계에 있는 것들입니다. 이렇게 대립되어 있는 것들이 서로 영향을 주고받으면 그 대립을 '모순'이라고 합니다.

대립은 두 사물이 서로 마주 서 있을 수 있는데 모순은 그럴 수가 없습니다. 예를 들면 남자와 여자는 함께 있으면서 서로 도와 조화를 이룰 수 있는 관계에 있기 때문에 대립입니다. 하지만 이 세상에서 모든 창을 막아 낼 수 있는 제일 강한 방패와 모든 방패를 찌를 수 있는 제일 강한 창이 있을 수 없기 때문에 서로 강하다고 주장한다면, 이것이 바로 모순입니다. 결국 모순은 상대를 무너뜨려야 자신이 설 수 있는 관계라고 할 수 있습니다.

모순 관계는 서로가 상대를 인정하지 않고 부정합니다. 그래서 싸우게 되고, 싸우려면 결국 운동을 하게 됩니다. 그래서 모순은 운동을 하게 하는 원리입니다.

모든 사물은 자신 안에 모순을 가져야만 운동을 하고 활동을 하게 됩니다. 아이가 현재 자신의 모습에 만족하지 않고 점점 자라 청년기를 거쳐서 어른이 되는 과정이나, 씨앗이 자라서 꽃이 되고 열매를 맺게 되는 것은 모순에 의해 일어나는 현상입니다. 이렇게 모든 사물은 모순으로부터 벗어나서 더 좋은 상태로 나아가는데, 이것이 바로 변증법의 원인이 되는 것입니다.

149p

정신은 상대 정신과 싸우면서 상대의 좋은 점을 받아들이고 자신의 나쁜 점을 버리면서 점점 더 나은 정신을 만들어 갑니다. 사람의 정신은 모든 것을 알 수 있는 단계에까지 나아갈 수 있는데 마지막으로 완성된 정신을 절대정신이라고 합니다.

헤겔은 결국 모든 것에는 가능성이 있다는 것을 말하려고 했습니다. 지금은 비록 작고 초라하지만 얼마든지 변화할 수 있는 가능성 때문에 우리는 살아갈 힘을 얻는 것입니다.

모든 사물이나 사람은 매 순간 변합니다. 모든 사물이나 사람은 현재 있는 것을 부정하는 힘을 자기 내부에 가지고 있기 때문입니다. 다시 말하면, 현재의 '나' 안에 나를 부정하는 힘이 있어서 '나'를 현재 있는 그대로 내버려 두지 않고, 내일의 '나'로 바뀌는 것입니다. 이것을 헤겔은 '부정하는 힘'이라고 했습니다. 현재의 나를 부정하는 힘이 바로 변증법을 만들어 가는 가장 중요한 원인입니다. 다만 무조건 부정만 하는 것이 아니라, 부정하고 난 다음에는 또 긍정하고 다시 부정하고를 되풀이 하면서, 모든 것은 항상 운동을 하는 것입니다. 이러한 부정과 긍정의 운동을 논리적으로 밝혀 보여주는 것이 바로 변증법입니다.

헤겔은 모든 것(정신과 사물, 개인과 국가, 선과 악, 윤리와 종교 등)

을 하나의 원리로 설명해 내려고 했습니다. 그런데 그것들은 분명히 서로 다른 것들입니다. 그것들이 서로 통합되고 그래서 전체적으로 하나가 된다고 주장하려면, 서로 다른 것이 어떻게 결합되고 통합되는지를 설명해야 합니다. 그래서 변증법이 도입된 것입니다. 이 변증법으로 모든 것이 발전한다는 생각, 모든 것이 끊임없이 변화하고 유동적이며 새로운 것을 만들어 낸다는 생각이 가능하게 되었습니다. 이런 희망적인 생각들이 바로 헤겔의 변증법을 통해 가능해졌고, 변증법을 도입하여 헤겔은 전체적인 것이 우월하다는 주장을 할 수 있었습니다.

180p

헤겔은 노동이라는 것에 큰 의미를 부여한 철학자였습니다. 헤겔에 의하면, 사람은 동물과 달리 본능적인 욕구 충족에 만족하지 않고 계속해서 새로운 욕구를 만들어 가는 존재입니다. 그런데 이 세상의 많은 사람들은 모두 자신의 욕구만을 채우기 위해 자신이 옳다는 것을 인정받으려고 투쟁을 하고, 그렇게 되면 자신을 인정받기 위한 수단이 필요합니다. 다른 사람에게 인정을 받으려면 무엇인가를 해야 합니다. 곧 일, 노동을 해야 하는 것입니다. 사람들은 노동을 통해 자기가 누구라는 것을 보여줄 수 있습니다.

성적을 잘 받으려는 것, 성공하려는 것도 우리가 부모님께, 선생님께, 더 크게는 사회에서 인정받길 원하기 때문인 것처럼, 노동 또한 일을 통해서 스스로를 하나의 인격으로 인정받기 위한 수단입니다.

193p

헤겔은 하고 싶은 것을 마음대로 하는 자유는 사실상 우리 자신이 원하는 자유가 아니라, 우리 시대의 사회적이고 역사적인 힘들에 의해 떠밀려 다니는 자유일 뿐이라고 했습니다. 또한 우리가 선택할 수 없는 식욕 같은 선천적 욕구대로 행동하는 것도 진정한 자유가 아니라고 했습니다. 흔히 사람들은 하고 싶은 것을 마음대로 할 수 있을 때 자유롭다고 말하지만 이러한 자유는 매우 소극적인 자유라는 것입니다. 그러나 헤겔은 인간이 자신의 욕구를 충족시키는 일도 중요하다고 보았습니다. 그래서 헤겔은 진정한 자유는 개인의 이익과 사회가 요구하는 공동의 가치가 잘 어우러질 때에 나타난다고 했습니다.

헤겔이 들려주는 정신 이야기
대립과 모순을 통해 세상을 배워요

ⓒ 박해용, 2006

초 판 1쇄 발행일 2006년 2월 14일
개정판 2쇄 발행일 2021년 6월 2일

지은이   박해용
그림   원일러스트
펴낸이   정은영
편집   최성휘
마케팅   최금순 오세미 박지혜 김하은 김도현
제작   홍동근

펴낸곳   (주)자음과모음
출판등록   2001년 11월 28일 제2001-000259호
주소   04047 서울시 마포구 양화로6길 49
전화   편집부 (02)324-2347 경영지원부 (02)325-6047
팩스   편집부 (02)324-2348 경영지원부 (02)2648-1311
e-mail   jamoteen@jamobook.com

ISBN 978-89-544-4014-1 (73810)

잘못된 책은 구입처에서 교환해 드립니다.
저자와의 협의하에 인지는 붙이지 않습니다.

이 도서의 국립중앙도서관 출판예정도서목록(CIP)은 서지정보유통지원시스템
홈페이지(http://seoji.nl.go.kr)와 국가자료공동목록시스템(http://www.nl.go.kr/kolisnet)에서
이용하실 수 있습니다. (CIP제어번호: CIP2019037898)

이 책은 『헤겔이 들려주는 정신 이야기』(2006)의 개정증보판입니다.